中国近代新闻学名著系列丛书

芮必峰◎主编

新闻学

—— 曹用先◎著 ——

中国传媒大学出版社
·北京·

编 委 会

主　编　芮必峰

副主编　姜　红　刘　勇

编　委　贾　南　周　彤　张冰清　侯普曼

出版说明

本丛书整理再版了近代在中国用中文出版的经典新闻学著作，所涉及的图书既有专著、教材，也有译著，全面涵盖了新闻学理论、新闻业务、新闻史等领域，成书年份前后跨越40年。在这40年间，中国的新闻学科从无到有、从借鉴到创新，成就巨大。对这些著作的再次出版，为研究中国近代新闻学提供了珍贵的史料，绘制了中国近代新闻学的全景，度量了中国近代新闻学的厚度，填补了该领域空白，也为纪念中国新闻学诞生100周年献上了一份厚礼。

我们请中国人民大学新闻学院教授、博士生导师，广西大学新闻传播学院院长，教育部社会科学委员会委员兼新闻传播学科召集人郑保卫，及中国传媒大学传播研究院院长、教授、博士生导师，中央实施马克思主义理论研究和建设工程新闻学首席专家雷跃捷对本丛书的内容进行了审定，并根据专家的意见进行了修改。在此对两位专家所付出的辛勤劳动表示衷心感谢。

由于历史原因，本丛书中的个别图书存在一些问题，为保存历史原貌，为研究者提供一手的参考资料，影印时均基本保持其原貌，未作大的删改，希望读者结合当时的历史条件和历史环境，对其中的观点进行批判性借鉴。原书中存在一些错别字、漏字和排版错误，我们在影印时均未做改动，敬请读者注意。

由于原书出版年代久远，本丛书中的许多书籍难觅其踪，存世数量稀少，版权状况极其复杂。为了保证本丛书的学术性和完整性，我们将具有价值的图书先行选入其中，进行了抢救性发掘，力图保存中国新闻史珍贵的历史资料。版权所有人若有异议，请及时与我们联系。

为更好地体现中国近代新闻学的发展脉络，本丛书特别收录了欧美学者休曼的《实用新闻学》、斯蒂德的《新闻学的理论与实际》；日本学者松本君平的《新闻学》、后藤武男的《新闻纸研究》、杉村广太郎的《新闻概论》。当年这些书的出版对中国近代新闻学具有一定的借鉴意义。

本丛书为影印制作，成书清晰度由原书决定，由于出版年代久远，受当时生产力水平及制作方法限制，难免会存在一些缺陷，敬请读者谅解。

中国传媒大学出版社

总　序

如果从1903年商务印书馆编译出版日本人松本君平的《新闻学》算起，中国的新闻学已有115年历史①。如果从1918年北大新闻研究会建立，徐宝璜开办新闻学讲座算起，中国新闻学教育和研究迄今正好100年历史。我们搜集整理了清末至民国期间一些有代表性的新闻学书籍，希望借此重现早期中国近代新闻学的本来面貌，反映我国新闻学发展的历史脉络，我们认为，这对中国新闻学术、教育史研究以及中国近现代思想史研究都是很有意义的。

从1903年到1949年9月的40多年间，我国公开出版和内部印行的新闻学书籍，包括专著、教材、论文集、资料汇编、参考工具书等，约468种之多。②它们集中反映了我国新闻学的历史发展轨迹。然而，由于多种原因，这些书籍除了几本曾被重印出版外，大多已经是“只闻其名、难觅其踪”，这对我国新闻学研究不能不说是一个遗憾。

本丛书在梳理1903—1949年间出版的有代表性的新闻学书籍的基础上，精选了50部著作，校订注释，编纂再版，也算对这一遗憾的弥补。

从我们挑选的这50部新闻学书籍来看，中国早期新闻学的发展有三个鲜明的特点：

一、中国早期新闻学的发展与中国社会发展，尤其与国家民族利益息息相关

40多年间，中国新闻学从近乎空白到勃然而兴，这与中国社会的动荡、变

① 黄天鹏回顾新闻运动时说：“有清光绪二十八年，商务印书馆刊行《新闻学》一书，为我国人知有新闻学之始，原书为日人松本君平所著……”资料来源：黄天鹏．新闻运动之回顾［A］．黄天鹏．新闻学名论集［C］．上海：上海联合书店，1929．

② 林德海，等．中国新闻学书目大全1903—1987［M］．北京：新华出版社，1989．

革休戚相关。西方新闻学是现代化的产物，最早形成于19世纪末20世纪初。1901年，“新闻学”一词首见于中文报章①，但直到民国前夕，国人对于“新闻有学乎”尚存疑，认为报社就是新闻人才的“养成所”。至1912年上海报业俱进会以“吾国报业之不发达……其最大原因，则为无专门之人才”②为由，号召组织报业学堂，培养报业专门人才。不难看出，此时新闻界亦将新闻学视为办报之“技”。至1918年邵飘萍为徐宝璜《新闻学》作序仍“窃叹我国新闻界人才之寥落，良由无人以新闻为一学科而研究之者”③。黄天鹏把1903年至1918年新闻学研究会建立之前的十余年视为中国新闻学的启蒙期。④

1918年，随着以启蒙为目标的新文化运动愈演愈烈，新思潮涌入国门，“新学”“西学”站在旧传统的对立面被学界关注，新闻学思想也不例外。作为公学之首和新文化运动中心的北京大学率先开办新闻学研究会，力证了“新闻学”存在的正当性；徐宝璜《新闻学》一书问世，成为中国新闻学理论的奠基之作。新闻学教育兴起，新闻学研究著作渐盛，待到北伐前夕，中国新闻学从学理上和实践上俱已建立起来。

新文化运动后期，马克思主义传入中国，资本主义文明逐渐“祛魅”。之后的大萧条使得西方国家的痼疾暴露无遗，曾经“理想之彼方”的西方报业也难以幸免。在这一时代背景下，如何建立“吾国之报业”成为新闻学研究的热点，围绕这一热点，一方面，关于中外新闻理论、新闻事业、新闻业务的著作日益涌现；另一方面，军阀对于激进言论的暴力摧残，又引发了新闻人对于言论自由的论争。20世纪20年代的中国新闻学呈现百家争鸣之势。

“在这言论自由纷争之际，也有若干论调，认为新闻纸不过是一种政治宣传的工具，在新闻学方面也唱过所谓社会主义的新闻理论，不过这种论调没有完成，当头的国难已把这种理论粉碎。”⑤“九一八”事变后，面对空前的民族危机，“国家至上、民族至上”成为国论，报业成为勾连与动员社会的渠道和网络，

---

① 梁启超．本馆第一百册祝辞并论报馆之责任及本馆之经历［J］．清议报，1901（100）：1–8．

② 戈公振．中国报学史［M］．上海：上海书店，1989：278．

③ 徐宝璜．新闻学［M］．长春：时代文艺出版社，2009：7．

④ 黄天鹏．四十年来中国新闻学之演进［M］//龙伟，任羽中，王晓安，何林，吴浩．民国新闻教育史料选辑．北京：北京大学出版社，2010：149．（以下征引本书时，一律简注为《民国新闻教育史料选辑》。）黄天鹏在此文中提出他对于1903年到战事结束的40余年间中国新闻学发展阶段的划分，原载《中国新闻学会年刊》第1期，1942年9月。

⑤ 黄天鹏．四十年来中国新闻学之演进［M］//民国新闻教育史料选辑．北京：北京大学出版社，2010：161．

致力于推动“舆论统一”。直到全面抗战中期之前，以战争宣传动员为主要研究目标的“战时新闻学”都是新闻学研究的热点。

1943—1949年中华人民共和国成立前夕，随着战争形势的转变，抗日战争已现胜利的曙光，中国新闻学人开始构想新闻业的未来。萨空了①于1943年开始着手书写《科学的新闻学概论》，旨在提醒新闻人应“鉴于美英的前车”②，避免报纸“为大财阀资本家所独占”③，“积极地设法使报纸成为大多数民众自己的相互报道消息、提供意见的工具”④。

二、中国新闻学是“西学东渐”的产物，中国早期新闻学人大多具备西学背景

“西学东渐”的内在精神是中体西用。在“用”的招牌下，西学大量涌入。中国新闻学直接引自日本和美国。首先，中国最早的新闻学译著分别为1903年商务印书馆编辑出版的松本君平的《新闻学》和1913年美国记者休曼著、史青编译的《实用新闻学》。前者成为中国新闻学的开端，而后者作为美国第一本新闻教育著作，“提供采访编辑各种实际问题的解决方案”⑤，也奠定了中国新闻人对于新闻教育之作用的基本构想。

早期中国新闻学人大多具备留美留日的求学背景。徐宝璜曾于美国密歇根大学修习经济学与新闻学，其《新闻学》（1919）的参考文献包括在美国出版的图书23种、在英国出版的图书7种，印证了时任北大校长蔡元培所言，“新闻学之取资，以美为最便矣”⑥。任白涛求学日本早稻田大学政治经济学系时，加入了《朝日新闻》名记者杉村楚人冠等筹建的“大日本新闻学会”⑦，《应用新闻学》

① 萨空了（1907—1988）四川成都人，蒙古族，笔名了了、艾秋飚，记者、主编、新闻学家。1927年任《北京晚报》《世界日报》编辑记者、《世界画报》总编辑。曾任教民国学院新闻系、北京新闻专科学校。1935年任上海《立报》副刊主编、总编辑兼经理。中华人民共和国成立后任中央人民政府新闻总署副署长兼新闻摄影局局长、出版总署副署长、全国政协副秘书长兼《人民政协报》总编辑等职。负责主编《中国大百科全书·新闻出版》卷，著有《科学的新闻学概论》《科学的艺术概论》《宣传心理研究》等。

② 萨空了．科学的新闻学概论［M］．香港：文化供应社，1946：36．

③ 萨空了．科学的新闻学概论［M］．香港：文化供应社，1946：36．

④ 萨空了．科学的新闻学概论［M］．香港：文化供应社，1946：36．

⑤ 黄天鹏．四十年来中国新闻学之演进［M］//龙伟，任羽中，王晓安，何林，吴浩．民国新闻教育史料选辑，北京：北京大学出版社，2010：157．

⑥ 邓绍根．中国新闻学的筚路蓝缕：北京大学新闻学研究会［M］．北京：清华大学出版社，2015：228．

⑦ 1915年《朝日新闻》的杉村楚人冠等在庆应义塾大学创办“新闻研究会”并讲授课程，后根据该讲义出版了《最近新闻纸学》（1918）。其时，杉村楚人冠还兼任“大日本新闻学会”的筹建者与学会新闻讲座讲师。

（1922）正是仿照杉村楚人冠《最近新闻纸学》一书体例所做。[1]邵飘萍的《实际应用新闻学》（1923）亦参考了《最近新闻纸学》。[2]杉村楚人冠深受美、德新闻思想熏陶，美、日、德的新闻思想因故才传到中国。

事实上，正是留美、留日学生群体的新闻学著述构建起了中国早期新闻学的基本框架。仅本丛书所涉国内著（编）者30人中，剔除资料不详者3人，有留学经历者共计15人。其中留美5人：徐宝璜、伍超、赵敏恒[3]、戈公振[4]、曹用先[5]；留日8人：吴定九[6]、邵飘萍、黄天鹏、任白涛、张友渔[7]、谢六逸、袁殊[8]、王文萱[9]；

---

① 周光明. 近代新闻史论稿［M］. 北京：社会科学文献出版社，2014：276.

② 方晓红. 中国新闻简史［M］. 南京：南京师范大学出版社，1996：122.

③ 赵敏恒（1904—1961），记者、新闻学教授。早年就读于清华大学，1923年起先后于美国科罗拉多大学文学院、密苏里大学新闻学院、哥伦比亚大学新闻学院攻读英国文学和新闻学，并获新闻学硕士学位。1925年起在纽约环球通讯社当编辑。1927年回国，在国民政府外交部情报处短暂工作后加入路透社。1945年10月任《新闻报》总编，兼任复旦大学新闻学教授。

④ 留学两个及两个以上国家的，按其留学的第一个国家计。

⑤ 曹用先，女，宁波人，天津南开大学社会科毕业。1926年与未婚夫查良鉴自南开大学毕业后，同赴密歇根大学留学，1930年在该校安娜堡完婚。硕士毕业后回国，曾就职于上海商务印书馆编辑所并任教于大夏大学，1949年与查赴台，1951年4月病逝于台湾。

⑥ 吴定九（1890—1930），名鼎，字定九，嘉定人。著名报人，《京报》元勋之一，著有《新闻事业经营法》。公派赴日本名古屋学习土木工程时，与在东京政法学校读书的邵飘萍成为密友。1923年9月，私立北京平民大学设立报学系，时任京报社经理的吴定九担任教授并讲授专业课程"新闻经营法"。

⑦ 张友渔（1898—1992），原名张象鼎，字友彝，又名张忧虞，山西灵石人。法学家、政治学家、新闻学家。先后求学于山西第一师范学校，国立北平法政大学法律系。1927年任《国民晚报》社长兼总编辑。同年加入中国共产党，任中共北平市委委员兼秘书长。1930年赴日留学。"九一八"事变后回国任《世界日报》主笔及燕京大学、中国大学、民国大学、中法大学、北平大学法商学院教授，讲授宪法学、劳动法学、新闻学和日本问题。1943年起在重庆任中共南方局文委秘书长、《新华日报》社论委员会委员、中共重庆工作委员会候补委员兼政策研究室副主任、《新华日报》代总编辑等职。

⑧ 袁殊（1911—1987），中共谍报人员、记者、新闻学者。早年赴日攻读新闻学、东洋史。曾创办上海自修大学并设新闻专科。1931年3月创办的《文艺新闻》，最早揭露了左联五烈士被害的消息。1932年任新声通讯社记者，经潘汉年引介加入共产党。1942年卧底敌伪报纸《新中国报》，1945年10月转移到苏北解放区；1949年调入中央情报部门。著《记者道》《学校新闻讲话》《新闻大王赫斯特》等书；译《新闻法制论》等。

⑨ 王文萱，曾留学日本，1930年5月翻译杉村广太郎的《新闻概论》。1942年国立社会教育学院新闻系成立，王文萱在该系教授新闻业务课程。1947年年初，李宗仁授意萧一山在北平创办《经世日报》作为喉舌，任命王文萱、蓝文澄两位教授为主笔。

旅欧2人为胡愈之和储玉坤[1]（详情见表）。这些涉足新闻学研究的归国留学生兼容并蓄，汲取美、日、德等国新闻理论和马克思主义新闻思想的精华，进行本土化改良，亦从侧面反映出中国新闻学的理论来源。

三、中国早期新闻学人往往兼新闻实践、新闻教育、新闻研究于一身

1918年，北京大学新闻学研究会成立，徐宝璜负责讲授新闻学知识。他结合自身从业经验，参考欧美新闻学书目，形成课程讲义；再结合讲课心得，不断完善新闻学理论。1919年，国人自撰的第一本新闻学专著《新闻学》最终成书。徐在自序中细陈写书修书之过程："新闻学乃近世青年学问之一种，尚在发育时期。余对于斯学，虽曾稍事涉猎，然并无系统之研究。客岁蔡校长设立新闻学研究会，命余主任其事，并兼任导师。余乃于暑假中，正式加以研究，就所得著《新闻学大意》一篇，以为开会后讲演之用。……开会后，余继续研究，加以会员之质疑问难，时有心得，遂将原稿加以修改，成第二次之稿……"[2]显然，"曾稍事涉猎"指其曾经担任《晨报》主笔的工作经历。早期中国新闻学人兼具从业经验和新闻学教学经验者多会总结实践经验、丰富新闻理论、著书立说、传道授业，这种情况并不鲜见。

从早期新闻学著作的作者（编者）身份来看：本丛书涉及国内著（编）者30人，除李公凡、刘元钊和鲁风三人身份不详，仅蒋国珍[3]、项士元[4]二人没有明确的新闻从业经验。而在这25人中，更有20人兼具从业经历与从教经历。新闻学人大多具有新闻从业经历，学术研究、传承活动与新闻实践密不可分（详

---

① 储玉坤，1912年生，江苏宜兴人，笔名雨君、储华。1937年中央政治学校大学部新闻学及国际政治专业毕业。1938年1月任《文汇报》编辑兼社论撰述者；1938年5月担任《文汇报》法国哈瓦斯分社编辑；抗战胜利后，任《文汇报》总主笔。1946年5月转任《申报》主笔和法国新闻社远东分社中文部主任，兼任中国新闻专科学校教务长和沪江大学新闻系教授。著有《现代新闻学概论》《第二次世界大战史》《美国经济》。

② 邓绍根，中国新闻学的筚路蓝缕［M］. 北京：清华大学出版社，2015：244.

③ 蒋国珍出生于1896年，江苏溧阳人，做过学生运动领袖、国民党党员、教育工作者、政府职员、银行经理。曾加入上海学生运动，代表上海全国各界联合会、全国学生联合会、上海各界联合会、学生联合会四团体发声。虞文俊认为其传世的《中国新闻发达史》翻译自日本人伊藤武雄的《中国新闻发达史》，即蒋国珍应为此书的译者而非著者。

④ 项士元（1887—1959），佛教居士、学者。原名元勋，号慈圆，又号石楼。浙江临海人，通日、英、德、梵、俄文，一生佛学著作等身。25岁毕业于杭州府中学堂，后办私立小学和赤城初级师范，兼任各校教师；捐资并赠书创办了临海图书馆。项士元长期辗转江浙等地从事教育、新闻和史志方面的研究工作。中华人民共和国成立后主持台州文管会，任浙江省文史馆馆员。所著《浙江新闻史》是中国最早的新闻史之一。

见表1[①])。

从新闻学著作本身来看，许多民国新闻学书籍正是新闻实践和新闻教育的直接产物：国人自撰的第一部新闻采访学专著——《实际应用新闻学》根据邵飘萍在北京大学新闻学研究会和平民大学新闻系的讲稿所著，《新闻学总论》一书则根据邵氏国立政法大学的新闻学讲义整理而成；周孝庵[②]根据自己在复旦大学的新闻学讲义编著了《最新实验新闻学》；郭步陶[③]的《本国新闻事业》是上海市私立申报新闻函授学校讲义之十一；而《新闻学的基础知识》本就是中美日报读讯会[④]为新闻学自修者所出版的教材《实用新闻学讲义》之一；储玉坤的《现代新闻学概论》则是专门为大学新闻理论教科书而编写的（详见表2）。

正是由于早期新闻学人兼新闻实践、新闻教育、新闻研究于一身，才能为理论教学与著述提供最鲜活的案例，促使新闻实践经验迅速融入新闻学理论研究。这是近代中国新闻学迅速发展的重要因素，对于当今的新闻学研究、新闻学教育工作也有重要启示。

本丛书编委会邀请相关领域资深专家进行研讨，认真甄选了书目，仔细进行了版本比较和甄别，从而保证了本丛书较高的学术权威性。

由于历史的局限，民国新闻学书籍的不足是明显的，如学术理论不成熟、部分话语和话题打上了深深的时代烙印等；又因书中涉及的新闻稿件写作于特定历史环境和历史年代，其表达方式不严谨亦不可避免。盖所选书目皆是历史文献，我们在审校中尽量保持其历史原貌，不做大的删改；对极个别对马克思

① 李秀云. 留学生与中国新闻学［M］. 天津：南开大学出版社，2009：239-251. 本书中李秀云整理了民国期间从事新闻学研究的留学生44人，并分析其留学国别构成、专业构成、新闻实践经历、从教经历等。

② 周孝庵（1900—1973），佛教学者、律师、报人。松江府人。毕业于江苏省立第一商业学校。历任上海时事新报馆记者、编辑、主编，著《最新实验新闻学》。1928年秋被复旦大学聘为新闻学教授。曾于上海法政大学获法学学士学位，1930年兼律师。1932年主编上海《新闻报》“法律质疑”栏目、编著了《法律质疑汇编》。上海沦陷后，曾氏关闭了律师事务所，潜心佛学研究。

③ 郭步陶（1879—1962），原名成爽，后改名惜，字步陶。四川隆昌人。名记者、新闻研究者。1911—1917年任《申报》编辑，1917年任《新闻报》编辑主任、主笔。1930年任教于复旦大学新闻系。上海沦陷后赴香港，任职于《申报》（香港）、《星岛日报》；1939年创建中国新闻学院（香港）并任院长。抗战胜利后回沪任教于复旦大学、新中国学院。

④ 《中美日报》是“孤岛”时期的国民党报纸，为躲避日伪新闻检查，在美商罗斯福出版公司招牌下运作，副刊有《集纳》《堡垒》等。1938年11月创刊，1941年12月停刊，1945年8月复刊，次年4月终刊。总编先后为杨勋民、查修、詹文浒，总主笔周宪文，执笔者有储玉坤、章丹枫等。胡道静曾任英文编辑。报社读讯会为自修新闻学的读者出版了《实用新闻学讲义》，共计10种，对编辑术、采访术、评论作法、新闻写作、新闻学史、剪报工作等都有专篇论述。

主义、共产党等的不适当叙述已进行了删除处理。

本丛书规模较大，从策划项目、搜集资料、校订编纂到审稿成书，历时两年有余。这50本书可能并非本本经典，其中有些内容亦有重复、雷同之处，但瑕不掩瑜，它们对于研究中国新闻学功不可没，作为新闻史资料极具研究价值。感谢中国传媒大学出版社和安徽大学新闻传播学院诸位老师的辛勤付出，也希望读者在本丛书中能读出更丰富的内容，获得启发并更深入地思考。

丛书主编　芮必峰

2018年5月7日

附表：

表1　著者受教育、从业、从教及著述情况列表

序号	姓名	是否留学及留学国家	从业经历	从教经历	著作
1	徐宝璜	美国密歇根大学，经济学、新闻学	北京《晨报》主笔	北京大学新闻学研究会、北京平民大学新闻系	《新闻学》《新闻事业》
2	戈公振	1927年赴美国、日本考察新闻事业	首创《图画时报》、“上海新闻记者联合会”会长、《申报》总管理处设计处主任兼《申报星期画刊》主编	上海南方大学新闻系、上海国民大学新闻系、复旦大学新闻系、上海沪江大学商学院、上海民治新闻学院	《新闻学撮要》《中国报学史》《新闻学》
3	邵飘萍	东京政法学校	《汉民日报》主编、《时事新报》《申报》《时报》主笔、创办“北京新闻编译社”、《京报》社长	北京大学新闻学研究会、北京平民大学新闻系、国立法政大学	《实际应用新闻学》《新闻学总论》
4	吴定九	日本名古屋工业专门学校土木工程	主持《京报》	北京平民大学新闻系、国立法政大学	《新闻事业经营法》
5	谢六逸	日本早稻田大学东洋文学史	《立报》文艺副刊《言林》主编、《国民周刊》《趣味》周刊主编	复旦大学新闻系、申报新闻函授学校、国立社会教育学院新闻系、暨南大学新闻系、大夏大学新闻系	《实用新闻学》《国外新闻事业》《新闻储藏研究》
6	黄天鹏	日本早稻田大学新闻系硕士	在北平创刊《新闻学刊》并担任主编	复旦大学新闻系、上海沪江大学商学院新闻学科	《新闻文学概论》《中国新闻事业》《新闻学入门》《新闻学概要》
7	赵敏恒	美国科罗拉多大学文学院、密苏里大学新闻学院、哥伦比亚大学新闻学院攻读英国文学和新闻学，并获新闻学硕士学位	纽约环球通讯社编辑，后加入路透社。“九一八”事变后为美国国际新闻社、伦敦《每日电讯报》《朝日新闻》等供稿。1945年10月任《新闻报》总编辑	复旦大学新闻系、中央政治学校新闻系、暨南大学新闻系	《外人在华的新闻事业》

续表

序号	姓名	是否留学及留学国家	从业经历	从教经历	著作
8	周孝庵	无	历任上海时事新报馆记者、编辑、主编；主编《上海新闻报》“法律质疑”栏目	复旦大学新闻系、新闻大学函授科	《最新实验新闻学》
9	张友渔	1930年、1932年、1935年多次赴日学习新闻学、考察日本新闻事业	《世界日报》编辑、《大同晚报》总编辑、《国民晚报》社长、《泰晤士报》总编辑、《新华日报》社论委员	燕京大学新闻系、北平民国学院新闻系	《新闻之理论与现象》《日本新闻发达史》
10	袁殊	日本新闻专科学校、早稻田大学历史系	创办《文艺新闻》《译报》、新声通讯社记者	上海自修大学新闻专科	《记者道》《学校新闻讲话》《新闻大王赫斯特》《新闻法制论》（译）
11	胡愈之	1928年法国巴黎大学攻读国际法	《东方杂志》编辑、创办《公理日报》、哈瓦斯通讯社远东分社中文部编辑主任、主编新加坡《南洋商报》		《胡愈之出版文集》
12	储玉坤	留法	《新闻报》编辑、《文汇报》编辑、法国哈瓦斯通讯社中国分社编辑、《文汇报》总主笔、《申报》主笔、法国新闻社远东分社中文部主任	中国新闻专科学校、沪江大学新闻系、之江大学新闻系、致用大学新闻学系	《现代新闻学概论》
13	任白涛	日本早稻田大学政治经济学	创办中国新闻学社、《新湖北日报》总编辑		《应用新闻学》《综合新闻学》
14	曹用先	美国密歇根大学①	上海商务印书馆编辑所②	大夏大学③	《新闻学》

① 毛彦文．往事［M］．北京：商务印书馆，2012：28．

② 雪林．一段值得介绍的婚姻（红藏·生活·第四卷第三十八期）［M］．湘潭：湘潭大学出版社，2014：435-437．

③ 毛彦文．往事［M］．北京：商务印书馆，2012：28．

续表

序号	姓名	是否留学及留学国家	从业经历	从教经历	著作
15	王文萱	留日①	《经世日报》②	国立社会教育学院新闻系③	《新闻概论》（译）
16	伍超	留美“攻读新闻科”④			《新闻学大纲》
17	郭步陶	无	《申报》编辑、《新闻报》编辑主任兼主笔、《申报》（香港）、《星岛日报》编辑	复旦大学新闻系、《申报》新闻函授学校、中国新闻学院（香港）、新中国学院	《本国新闻事业》
18	任毕明⑤	无	《民国日报》《时报》《快报》主笔、《大众日报》总编辑	香港中华新闻学院	《战时新闻学》《评论学十讲》
19	赵君豪⑥	无	《申报》副总编辑	上海商学院新闻专修科、复旦大学新闻系、上海法政学院新闻专修科	《中国近代之报业》《上海报人的奋斗》

① 杉村广太郎．新闻概论·黄序［M］．王文萱，译．上海：联合书店，1930.

② 冯国定．忆萧一山先生［M］//中国人民政治协商会议北京市委员会文史资料研究委员会文史资料选编（第43辑），北京：北京出版社，1992：104.

③ 苏州大学社会教育学院．峥嵘岁月（第三集）［M］．北京、上海、南京、苏州校会．1991：229.

④ 伍超．新闻学大纲·自序［M］．上海：商务印书馆，1925.

⑤ 任毕明，原名任大任，生于1904年，广东鹤山人。1925年在广西梧州创办《民国日报》，曾任《时报》《快报》主笔，主持过香港的《大众日报》。参与创办香港中华新闻学院，并任教。著作有《龙虎集》《风云集》《社会大学》《新社会大学》《战时新闻学》和《评论学十讲》等。

⑥ 赵君豪（1900—？）江苏兴化人。报人。“五四时期”求学于上海交通大学，经常给著名的《民国日报》副刊《觉悟》投稿，并与时任《觉悟》编辑的邵力子讨论种种社会改造问题。毕业后进入《申报》馆工作，抗战后任《申报》副总编辑。1929、1942年两度兼任复旦大学新闻系编辑教授；1930年兼任上海法政学院新闻专修科教授，讲授采访学；曾任《申报》新闻函授学校教授。1944年10月在重庆出版《上海报人的奋斗》。

续表

序号	姓名	是否留学及留学国家	从业经历	从教经历	著作
20	杜绍文①	无	杭州《民国日报》国际版编辑、《东南日报》《前线日报》主笔兼《新闻战线》周刊主编、《东南日报》总编辑、《文汇报》办公室主任	复旦大学新闻系	《新闻政策》《中国报人之路》《战时报学讲话》《国际新闻纵横谈》
21	胡道静②	无	《万有文库》编辑、上海通志馆编修、《通报》《中美日报》《大晚报》等报记者、编辑、撰稿人	上海法政学院新闻专修科	《上海新闻事业之史的发展》
22	张静庐	无	创办上海杂志公司并出任总经理		《中国的新闻记者与新闻纸》《中国近代出版史料》《中国现代出版史料》《中国出版史料》《在出版界二十年》
23	萨空了	无	《北京晚报》编辑记者、《世界日报》画刊编辑、《世界画报》总编辑、天津《大公报》艺术半月刊主编	民国学院新闻系、北京新闻专科学校	《科学的新闻学概论》

① 杜绍文（1909—？），又名杜超彬，广东澄海人。1927年入复旦大学中文学新闻组学习，1931年留校助教。后任杭州《民国日报》国际版编辑、资料室主任、浙江《东南日报》主笔。抗战期间主编浙江战时新闻学会会刊《战时记者》月刊,《国民日报》总编辑、社长；抗战胜利后任上海《前线日报》主笔兼《新闻战线》周刊主编。1946年至1951年间任复旦大学新闻系教授，1952年任上海《文汇报》记者、编委办公室主任。著有《新闻政策》《中国报人之路》《战时报学讲话》《国际新闻纵横谈》。

② 胡道静（1913—2003），安徽泾县人。1931年毕业于上海持志大学国语系。曾参加《万有文库》编辑和上海通志馆编修工作。“孤岛”时期坚守上海新闻界抗日宣传工作，任《通报》《中美日报》《大晚报》《密勒氏评论报》记者、编辑、撰稿人，同时在上海法政学院新闻专修科讲授新闻史课程，为共产党的抗日宣传培养新闻干部。1949年后历任中华书局上海编辑所编辑、上海人民出版社编审等。

续表

序号	姓名	是否留学及留学国家	从业经历	从教经历	著作
24	管照微[①]		复旦大学校刊编辑、1931 年兼任上海新闻社记者	兰州大学经济系	编《新闻学论集》
25	项士元				
26	蒋国珍	疑为《中国新闻发达史》的译者而非著者[②]			
28	李公凡	不详			
27	鲁风	不详			
28	刘元钊	不详			

① 管照微，高中就读于上海立达学园，曾与王济深、刘仲达、唐旭之等先后组织了“时潮社”和“立达剧团”。后进入复旦大学新闻系学习，与伍梦窗、林楚君、向浦、徐之津等加入了复旦大学“左联”，并负责复旦大学的校刊编辑工作。1933年12月21日因宣传左翼思想被捕，后任教于兰州大学经济系。

② 虞文俊是东亚中国新闻史研究第一人。《中国新闻发达史》译者蒋国珍初考［J］. 新闻界，2015（15）.

表2　书目

序号	年份	书名	作者	备注
1	1903	新闻学	〔日〕松本君平 著	
2	1913	实用新闻学	〔美〕休曼著 史青译	
3	1919.12	新闻学	徐宝璜[①] 著	北京大学 新闻研究会讲稿
4	1922.11	应用新闻学	任白涛[②] 著	
5	1923.8	实际应用新闻学	邵振青 著	北京平民大学、 国立法政大学讲义
6	1924.4	新闻事业	徐宝璜 胡愈之 著	
7	1924.6	新闻学总论	邵飘萍 著	
8	1925.1	新闻学大纲	伍超 著	
9	1925.2	新闻学撮要	戈公振[③] 编	
10	1927.9	中国新闻发达史	蒋国珍 著	
11	1927.11	中国报学史	戈公振 著	
12	1928.9	中国的新闻纸	张静庐 著	
13	1928.11	最新实验新闻学（上）	周孝庵 著	复旦大学新闻系
14	1928.11	最新实验新闻学（下）	周孝庵 著	复旦大学新闻系
15	1930.4	新闻事业经营法	吴定九 著	
16	1930.5	新闻概论	〔日〕杉村广太郎 著 王文萱 译	

① 徐宝璜，中国新闻学者、新闻教育家。1912年毕业于北京大学，后公费留美，于密歇根大学攻读经济学、新闻学。徐宝璜在美国密苏里大学受过系统的新闻学教育。

② 任白涛，笔名冷公、一碧，河南南阳人。1911年辛亥革命后，先后担任上海《民立报》《神州日报》《新闻报》驻河南特约通讯员，参加当地反袁活动。1916年留学日本，在早稻田大学攻读政治经济学，并加入了大日本新闻学会。

③ 戈公振所著的《中国报学史》最早由上海商务印书馆出版，是研究新闻学和我国新闻事业发展史的开山之作，国内外新闻界将之誉为中国首部新闻史学权威著作。任教上海国民大学期间，戈公振开始着手《中国报学史》一书的写作。在从事新闻工作之余，戈公振致力于新闻教育事业和新闻学研究工作，曾在上海国民大学、南方大学、大夏大学、复旦大学等校新闻系和杭州暑假报学讲习所讲授新闻学方面的课程，在新闻学研究上留下了许多著述。

续表

序号	年份	书名	作者	备注
17	1930.8	中国新闻事业（上）	黄天鹏① 著	
18	1930.8	中国新闻事业（下）	黄天鹏 著	
19	1930.8	新闻纸研究	〔日〕后藤武男 著 俞康德 译述	
20	1930.9	浙江新闻史（上）	项士元 编	
21	1930.9	浙江新闻史（下）	项士元 编	
22	1932.7	学校新闻讲话	袁殊 著	
23	1932.8	外人在华的新闻事业	赵敏恒 著	
24	1933.4	新闻学入门	黄天鹏 著	
25	1933.10	新闻学论集	管照微 编	复旦新闻学会丛书
26	1935	实用新闻学（上）	谢六逸② 编	申报新闻函授学校讲义之三
27	1935	实用新闻学（下）	谢六逸 编	申报新闻函授学校讲义之三
28	1934.1	新闻学	曹用先	
29	1934.2	新闻学概要	黄天鹏 编	复旦大学讲义、上海沪江大学新闻学专修科
30	1935	上海新闻事业之史的发展	胡道静 著	
31	1936.5	新闻学讲话	刘元钊 编著	

① 黄天鹏，字天鹏，别号天庐。1927年1月，他创办了我国首个新闻学刊（1929年扩改为《报学月刊》）并任主编；他是我国新闻学术史上最早研究新闻学之产生及发展史的学者，是我国具有新闻学术史观的第一人。他于1923年就读于北京平民大学报学系，1929年留学日本,修业新研究所,旋入早稻田大学新闻系。归国后出版了《新闻文学概论》《中国新闻事业》《新闻学入门》《新闻学概要》等十余本新闻学专著。

② 谢六逸，中国现代新闻教育事业的奠基者之一。著名的作家、翻译家、教授。1917年以公费生身份赴日就读于早稻田大学。1922年毕业归国，入商务印书馆工作。后历任神州女校教务主任及暨南大学、复旦大学、大夏大学教授。1930年任复旦大学中文系主任，并创设了后来闻名海内外的复旦大学新闻系，任主任。

续表

序号	年份	书名	作者	备注
32	1936	本国新闻事业	郭步陶 编著	申报新闻函授学校讲义十一
33	1936.6	新闻之理论与现象	张友渔 著	
34	1936.11	记者道	袁殊 著	
35	1937.7	现代新闻学概论	储玉坤 著	国民党政府唯一指定大学新闻理论教科书
36	1938.7	战时新闻学	任毕明 著	
37	1938.9	中国近代之报业（上）	赵君豪 著	
38	1938.9	中国近代之报业（下）	赵君豪 著	
39	1938.10	基础新闻学	李公凡 著	
40	1939.7	中国报人之路	杜绍文 著	
41	1940.4	新闻学	戈公振 著	1932 年完稿，另有 1947 年版
42	1941	新闻学的基础知识（上）	中美日报读讯会 编	中美日报读讯会实用新闻学讲义
43	1941	新闻学的基础知识（下）	中美日报读讯会 编	中美日报读讯会实用新闻学讲义
44	1941.7	综合新闻学 1	任白涛 著	
45	1941.7	综合新闻学 2	任白涛 著	
46	1941.7	综合新闻学 3	任白涛 著	
47	1944.9	新闻学	鲁风 著	新中国自修学院约稿
48	1946.6	科学的新闻学概论	萨空了 著	另有 1945.3 出版的署名艾秋飚的版本
49	1946.11	新闻史上的新时代	胡道静 著	
50	1947.12	新闻学的理论与实际	〔英〕斯蒂德 著 王季深 吴饮冰 译	上海文化函授学校读本

引言

近世科學發達，各種學科皆應時代之需要而產生。如研究政治之有政治學，研究經濟之有經濟學，研究社會之有社會學；考其成立，莫不因其對象之發展，而需要有統系之研究耳。新聞紙濫觴較遲，研究之者又不過近數十年事，是以新聞學之成爲一種科學，實尙在幼年發育時期。惟以近代新聞事業之日益發達，研究新聞學者之日益增多，新聞學亦自有完成其爲獨立科學之日。

今日世界交通日盛，人類事業亦愈繁；吾人既不能閉關自守，恢復老死不相往來之生活，自惟有謀人與人間之溝通，以改進人類之羣居生活。而負此溝通之重責者則爲新聞紙。蓋新聞紙者，人類思想交通之媒介也。公共意識由新聞紙之傳遞而產生，公共動作因消息意見之交融而實現，凡此皆社會之所賴以生存者。且自民權發達以來，民心之向背，全視輿論爲轉移；國運之進退，亦必以輿論消長爲準則。而人世所公認之代表輿論或創造輿論者，則新聞紙也。是以新聞紙之於社會，誠有如吾人身體與血脈之關係，血脈停頓，生命滅亡；新聞紙消滅，社會亦卽陷於死狀。法人有以新聞紙與牛乳麵包並爲人生日用之必需品者，誠以其關係人生之切，而不可一日忽視之也。

方今國內干戈擾攘，歲無寧日，吾人欲拯此危局，端賴有眞正之民意機關以創造輿論；指示民衆作合理運動，督促政治上正當軌道，而後和平可期，國強有日。緣是，新聞學之研究，實爲今日學術界當務之急。歐美各大學近均設立新聞學專科，灌輸相當之智識，培養相當之人材，誠有鑒於斯學之重要也。

我國近年因留學歐美之士，亦有研究新聞學者，歸國後又多從事提倡，於是新聞學在我國亦漸露萌芽。自民國七年國立北京大學新聞學研究會開其端，其後各大學如廈門，燕京，大夏，復旦，均先後成立新聞學系，以造就新聞專門人材，而促進全國新聞事業之發達。此誠可爲新聞學前途慶幸者也。

雖然，新聞學內容複雜，範圍遼闊，初學茫茫，當不知從何着手研究，是書之作，多重應用，於新聞之採訪，編輯，及材料方面敍述較詳，裨有志於新聞事業者，得一入門之嗅引焉。

目錄

第一章　緒論……一
第一節　新聞學之定義與範圍……一
第二節　新聞紙之性質及其價值……二
第三節　新聞事業之特質……四
第四節　新聞記者之地位及其訓練……八
第二章　新聞之採訪……一一

第一節　概論……一一
第二節　新聞之定義及價值……一二
第三節　新聞之出處……一五
第四節　新聞之採集……一六
第五節　訪員之資格及其應循之規律……一八
第六節　訪問之種類與要則……二二
第七節　各種通信方法……二五
第八節　各類事件之敍述法……二六
第三章　文稿之撰著……二八
第一節　社論……二八
第二節　新聞記事……三〇

第三節　新聞記事之敍題……三二
第四節　特殊作品……三六
第五節　副刊與小報……三八
第四章　新聞之編輯……四一
第一節　材料之蒐集……四一
第二節　編輯上之職務……四五
第三節　編輯者之戒備……五〇
第五章　新聞之標題……五四
第六章　新聞材料之排列與新聞紙之發行……七一
第七章　新聞紙之插圖……七八

第八章　新聞紙之廣告……八三
第一節　廣告之信用……八四
第二節　廣告之編製……八五
第三節　廣告之招徠……八八
第四節　廣告之違禁……八九
第九章　關於新聞紙之法律知識……九一
第一節　誹謗在刑法上之規定……九二
第二節　新聞紙之特殊權利……九五
第三節　版權法……九七
第四節　其他有關新聞紙之法律……一〇二

第十章　新聞社與通信社……一〇四
第一節　新聞社之組織……一〇四
第二節　通信社之概況……一一八

附錄

一　全國主要日報調查……一二一
二　全國外人刊行各主要日報表……一二三

新聞學

第一章　緒論

第一節　新聞學之定義與範圍

新聞學爲一種新興之科學，一時頗難得有確切之定義。玆爲研究便利起見，姑曰：「新聞學者，探討新聞紙上各項問題，以求得一完美解決方案之一種學問」也。所謂新聞學上之問題，就表面觀察，其範圍似僅及新聞之採訪，新聞材料之編輯，以及營業方面之廣告發行，與新聞社之組織設備而已。然實際上殊非如此簡單，僅就新聞二字言，已覺包羅萬象，其大無外，其小無內；舉凡世上形形色色，無一非新聞之材料。是以從事新聞事業者，非有特殊之修養與淵博之學問，不能洞悉人生一切關係；更非有豐富之閱歷，敏銳之眼光，不能應付萬事萬物之變化。故新聞學者，實爲一種範圍遼闊，內容複雜之特殊科學也。

第二節 新聞紙之性質及其價值

新聞紙或曰報紙。在英文爲Newspaper。其性質可就其作用，形式及材料，與法律所規定之定義三方面觀察之。

就新聞紙之作用言，卽如吉文 Given 之見解，謂「新聞紙乃輿論之製造者與新聞之紀錄者。」善官者之政見，士者之學術，皆由是而發揮之；世界之潮流，人間之變遷，皆由是而傳達之。其作用之性質，如是而已。

就形式及材料上言，則種類繁多，有日報，有週報，有朝報，有晚報；有注重政治外交之大事，有偏重社會里巷之瑣聞；有議論激烈，富有革命之精神；有態度穩健，多重理智之觀察；然綜其性質，不外將一般有興味之事實，揭載於定期或不定期發行之印刷物中耳。

就法律所規定之性質言，則如民國十九年國民政府所公布之出版法第二條第一項，新聞紙乃『指用一定名稱每日或隔六日以下之期間繼續發行者而言。』又如日本明治四十二年公布之新聞紙法規定，『本法所稱之新聞紙，係指用一定之名稱定期發行，或在六個月之期間內不定時間而發行之著作物，及同一名稱之臨時發行著作物而言。』此則認報紙爲一種定期爲公衆之刊行物也。

就以上各方面觀察，則於新聞紙之性質，當已大致了了。玆當進而論其價值：

新聞紙乃應社會之需要而生。布帛菽粟爲人生生活上之必需品，新聞紙乃吾人精神上之必需品也。二者於人之關係，初無軒輊其間，惟新聞紙既供給吾人以精神上之營養，其自身之條件必如何完備，始得稱其價值。下列當可爲新聞紙價值之標準。

（一）正確　新聞紙之消息，一經登載，即傳播天下。故在登載之先，須經精細審核，在可能範圍中，加以實地調査，庶可免過大錯誤，而於讀者有獲得眞知之可能。則新聞紙之價值自見。

（二）迅速　新聞以先覩爲快，一落人後即索然乏味，故欲使讀者增加興味，必須登載迅速，毋使過時，庶幾新聞紙方有使人重視之價值。

（三）公允　紀載新聞，須持鑑定衡平之態度，不可隱匿，亦不可偏袒；秉公獨立，不受任何方面之利用，此爲新聞紙之眞正價值。

（四）普徧　新聞紙本爲社會教育之一種，故所收材料，務求可以普及各級社會。無論世界大事，社會瑣聞，事無鉅細，苟爲衆所注意，均當擇要一一揭載。又範圍務求其廣，使老幼男女各得其所好者而讀之；趣味務使其濃，令讀者津津忘倦。則新聞紙可不脛而走矣。

第三節　新聞事業之特質

新聞事業之特質，乃構成新聞業之原素，亦爲新聞學之基本理論，爲研究新聞學者所必須認識之事。兹特列述於後：

公共機關　新聞事業之主體爲新聞紙，新聞紙之主要目的在供給新聞於公衆，是乃人類之公共機關，與純粹營利之事業迴異其趣。蓋新聞事業以公衆利益爲準則，報告正確之消息，貢獻公允之意見，主張祖白，態度光明，此爲經營新聞業者應循之正軌，而新聞紙之權威信用，亦即視此種公共性質量之多寡而有差等；換言之，經營新聞業者，若時時不忘公衆機關之信條而爲大多數人謀福利，自必得羣衆之信仰與擁護；而聲價日大，權威日增。若僅因個人或一部分人之利害關係而具特殊色彩，違反公意，則必遭社會之唾棄，即其事業本身亦斷難得健全之發展。蓋新聞事業與公衆有至切之關係，前者賴公衆之扶掖以前進，後者則籍新聞事業之發達以致用。故公衆利益發展之日，即新聞事業成功之日也。

輿論代表　新聞紙爲國民之喉舌，凡有正當之意見與公允之評論，均可假新聞紙而表現。故各種新聞紙莫不以代表輿論爲其職責。夫吾人足未出國門，而知世界大事，國際情況；身未臨首都，而知政潮起伏，政令從違；他如對執政者之言行，雖素昧平生，而知其人或剛毅明達，或優柔寡斷，或足智多謀，或觀望無能，似於其人有淸晰之印象，且有好惡之情感；此種觀念之形成，蓋皆由閱報所得，而受新聞之輿論性陶冶所致。故吾人欲知一國政治之隆替，國民思想之趣向，社會狀況之程度，皆可於新聞紙中求之。新聞紙旣具此重要之使命，其對大多數人民自應相當負責，故其評論時事也，必當以大無畏之精神，公正無私之態度，對每事件之新聞默察多數人之意見，與人羣之利益正義，爲正當之發揮作具體之判斷，庶無背於羣衆輿情。尤進者，新聞紙之職責，不僅代表輿論已也，蓋又負指導輿論之使命。對於不正當之輿論，必導之使入正軌，羣衆誤解之事理，必詳釋之使其了解，而得正確之評判，於是眞正之輿論得以造成。而新聞業輿論之基礎亦得以確定。

社會教育　新聞紙者，一廣義之社會教育機關也。能日與人以新智識新思想，俾得應付新環境，其所以補助學校教育之不及者甚多。蓋學校教育爲期旣短，而獲得者又止於根本智識，其於吾人日常所遇之事件，及生活之變遷，均無與也。若新聞紙則與吾人自小至老以無窮之新智識，其効力之大絕非學校所能比擬。例如讀國際消息，則知世界之大勢；讀國內要聞，則知政局之變遷；讀商業專欄，則知貿易之狀況，讀市政雜報，則知社會生活之眞象；他各副刊小品，足以陶適性情；學藝專刊，足資修養學問；總其全部，殆無一非實用學問之例證，而爲一人生之常識課本也。且新聞紙旣爲吾人日常之佳侶，吾人言行思想莫不受其影響，爲是爲非，爲善爲惡，俱繫乎新聞紙之本質，其負社會教育之責任至重至鉅。故無論新聞紙上一評論，一紀事，甚至一小品，皆具有教育性而有指導社會之使命。新聞紙欲完成此職責，厥有二端應當注意：其一，卽愼選材料。新聞紙上之材料，當以增進智識培養道德爲旨歸。讀之者自能潛移默化受其利益。故凡有益於人之材料，則鼓吹之否則糾正之，爲社會之明鏡人羣之導師。其一，卽務求通俗。新聞紙爲一般人之讀物，其文字宜以通俗曉暢爲主，使讀者一讀了然。處今百業日繁，人類生活日加忙碌，讀報之人必無餘暇作咬文嚼字之研究；是以新聞紙之論評，記載，必使文字淺明，敍事通暢，讀者不嫌其繁，則新聞紙卽無愧於社會教育之榮譽矣。

藝術性質　新聞紙雖僅爲一般普通讀物，但其含有藝術要素，與官報之製作呆板內容枯燥者，迥然有別。吾人試一翻新聞紙，尺幅之巾，其事萬端；其中新聞之採訪，材料之選擇，題目之製作，細版之配置，莫一非有文學匠心與藝術素養。是以任何忙碌之人，一報紙到手，一瞥標題，卽可獲得事件之要領，判別問題之意義。蓋新聞紙之編製，曾經多方研究。例如對原稿製作，應如何剪裁，應如何敍述，應如何而始有興味，應如何而始能饜讀者之希望，皆曾悉心研究。凡此皆非有文學與藝術之素養者不辦，一稿之成，移入編輯者之手，復爲增飾標題，配置地位，使讀者觸目卽瞥見其要點，獲得其精采，是又非斲輪老手不能勝任。再就外表而言，若印刷之精美，紙張之潔白，墨色之勻調，尤無一不賴乎藝術。故謂藝術爲新聞紙不可缺乏之要素，亦無不可。

上述四種之特質，各具效能，不容偏廢，應如何始能發揮此特質，以樹立新聞事業之基礎，是在從事新聞事業人才之養成。同時亦有賴乎一般人對此特質之了解，庶共同扶掖以資發榮滋長也。

第四節　新聞記者之地位及其訓練

新聞記者乃社會之一檢察官也。其唯一任務，在貢獻案件之事實，其所處地位，乃純屬超然獨立；故無論記載任何事實，一秉忠實至誠；無論批評何項案件，惟求眞理所在，不以金錢之誘惑而動其心，不以威武之壓迫而屈其志，一枝禿筆勝過三千毛瑟，殆爲不可否認之事實。所謂「無冕之帝王」「社會之師表」良非過譽。然而新聞記者之具有此肝胆與勇氣，有此忠誠與篤實，必先自有特殊之修養與特殊之能力而後可。且社會事件包羅萬象，形形色色，變化無窮，新聞記者更非有淵博之學問，豐富之常識，冷靜之頭腦，敏銳之眼光不爲功。請先言修養，新聞記者第一須有高尚之情操，覺悟己之事業爲神聖之事業，其服務之對象非爲個人或機關，乃爲社會與羣衆，其所圖酬報，非一己之俸祿，乃大衆之利益。此其職位所以尊貴，否則俳優其人，屈曲其筆，言論之聲價何在。第二須有強健之意志；新聞記者之獲得新聞，獲得事實眞理，非經艱辛苦難不能倖得，苟非有強健之意志，則一遭挫折，卽萬念俱灰，尙何由得寶貴之經驗？且世途多險，引誘易襲，新聞記者無強健之意志，必致爲外界所迷惑而喪失其大公無私之精神。第三須有深刻之同情；此所謂同情非憐憫惻隱之意，乃指對人羣有徹底了解而有憂樂天下之抱負之意也。新聞記者具此同情而後對事實能有明確之分析，正當之判斷。否則人左亦左，人右亦右，尙何能完成其光輝赫赫之天職。故此三者實爲修養上必須之功夫。雖然，新聞記者僅有修養功夫而無實際能力以輔助之，則雖壯志在懷，亦難告成功，今且言其能力爲何：第一須有健全之常識。新聞記者負指導社會扶掖羣衆之責任，苟無健全之常識，則一遇繁複問題，將無從應付，是以新聞記者成功之基礎，端在常識之養成。第二須有普通基本學問。新聞記者無普通基本學問，則其理解力不高，對國內之情事，世界之大勢，將無從明瞭其究竟；若是尙何能負社會師表之榮譽。是以新聞記者必須有大學畢業程度之基本智識，而後可應付裕如；若僅具文學之才華，筆墨之技倆，而卽謂有新聞記者之資格者誤也。第三須有豐富之閱歷，新聞記者須體察社會各種事件，以傳達事實之眞相。若無豐富之閱歷，一事到手，必致漫無所措，不知着意其主眼所在，往往初出茅廬之新聞記者，其報告一事，連篇累牘，而興味毫無，閱者厭倦；是卽使新聞失其價値。且記者筆墨至爲寶貴，記者生活至爲忙碌。不能以一小事，而浪費許多筆墨與時間，是故新聞記者必須有豐富之閱歷，而後能在包羅萬象之宇宙中看出問題，並能有迅速之理解與正確之判斷，如是方能使新聞得圓滿之價値也。

觀上述，欲爲新聞記者，亦誠難矣；雖然，有志者事竟成，亦在吾人之努力勤求而已。

第二章　新聞之採訪

第一節　概說

新聞紙之主體，新聞也。吾人於此首當明新聞之定義及其價值，次則新聞之來源以及採集之方法；再則報告新聞之方式。茫茫世界，事變萬千，果欲將無量數事實，盡行採集編爲新聞紙之材料，此力有所未逮，且亦勢有所不能；是以新聞紙上之新聞與一般人目覩耳聽或口傳之新聞有所不同，蓋前者經過優秀新聞記者之識別，含有適當之標準，故有其相當之定義；後者則道聽途說，俯拾卽是，既無公開之必要，自無定義之可言。吾人此章內所欲論列者，自屬新聞紙上新聞之定義也。其次關於新聞之出處，及採集之方法。前者問題在於產生之人或地範圍如何；後者在於採集之人資格訓練如何，當於本章內第三節詳述之。再則關於報告新聞之方式，此乃新聞之製作及新聞紙上之組織問題，亦當於後依次述之。

第二節　新聞之定義及價值

新聞果為何物，此乃一極有興味之問題。吾人試就其內容分晰之，當不外下列幾種意義：

一、新聞者，讀者所欲知之事實也。

二、新聞者，足以寄人興味之事件也。

三、新聞者，與人類福利相關之事件，又能引動個人興味，更足以當個人啓發指導之責任者也。

四、新聞者，包括人類興味中所有之活動，而最良之新聞，即可使最大多數之讀者感其興味者也。

五、新聞者，乃多數閱者所注意之最近事實也。

綜合上述意見，可知新聞之原質，即為正確事實，其標準不外乎適時與能引起人興味者。彼杜撰揑造之消息，僅為了却責任，或為迎合社會之惡劣心理，非新聞也。明日黃花之事實，多為閱者已知之舊事，僅足用以搪塞新聞紙之篇幅，不得謂爲有價值之新聞也。最近之事實，而無關大多數人之幸福利益，且非大多數人所欲聞知之事，而登諸報端者。亦不得謂爲有興味之新聞也。明乎此，而後可以判定新聞之價值。

新聞價值云者，卽此新聞能使注意其數多寡與程度深淺之問題也。新聞之能引起較多人數較深程度之注意者，必與閱者有切已之利害關係，例如滬上各報之閱者中，其注意「颶風將至上海」之消息必較注意「紐約大火，」「少帥返國，」「寰球學生會歡送留學生」等新聞者爲多；而注意之程度，亦必較深。再則非常之事實及有特殊興味之新聞，亦能引起較多人較深之注意，例如火車相衝，損傷極多之消息，必較諸火車由某地至某地，載客若干，裝貨幾何之消息，能引起較多人較深之注意。蓋前者乃反常之事件，人必爭欲讀之也。又如某家盜劫，一幼孩起而拒盜，較之平常盜劫消息，又必能引起較多人較深之注意。蓋前者無疑爲包含饒有興味之事實也。準是吾人知有關羣衆利害事件與有興味事件，其新聞之價值，必較高，反是則價值較低。故報社記者如遇新聞過多不能盡行登載時，卽可按此公例，斟酌各新聞之價值，而知所取舍，卽新聞之排列亦多用此爲標準；價值高者列之於前，價值低者置之於後；再則新聞之編輯，亦可以此爲標準；價值高者登載不嫌其詳，價值低者簡而述之卽可。然新聞價值之懸殊，不僅在新聞與新聞之間，卽同一新聞，其價值亦隨時隨地而有分別，是又研究新聞學者所不可不注意也。茲再論列於後：

新聞價值之前提有三，卽新，速，確，是也。惟新之一字，有時未必因之判定新聞價值；往往過去已久之事，因其與時下問題有關，雖屬舊聞，亦常登之，以備閱者之考證，使新舊相映更增興趣。故縱極陳腐亦有價值，至徒引明日黃花之事以充塞篇幅者，則自當別論。

新聞如蔬菜鮮魚，藏之隔日，其價值不失亦損；藏之愈久，價值愈減，是以今日之事，在今日登之，其注意之人必多於明日，而明日者，又必多於後日。故同一新聞，其價值與其登載相隔之時間成爲反比例，相隔之時間愈知，則新聞之價值愈大，愈久則愈小，此新聞記者所以當注意揭載之速度也

再同一新聞，其價值又隨地而別，吾人興趣之所繫，切於已者最甚，其次及於親朋故舊，其次及於他人，故雖處交通便利之今日，吾人所注意者，仍爲本埠之事，及本埠之人，至外埠之人及事，則非有特別情形，多不能引起吾人之注意也。

新聞之須正確，前已言之矣。然組織不完備之新聞社，往往因採訪之無能力，揑登消息以塞責，或因傳聞之失實，而妄加登載；前者憑空揑造，徒淆觀聽，後者以訛傳訛，有時竟至爲播謠之機械，以僞亂眞，所謂價値者，烏乎在，此所以訪員於採集新聞之時，必當詳審其傳聞之是否正確，而編輯者行文之間，又不可穿鑿附會，顚倒事實，若是則眞實之消息始得，而新聞紙之眞價値始見矣。

第三節　新聞之出處

新聞既非揑造之事實，則必有其發生之處，故新聞社常派訪員赴各處採訪，無論何種會集，若歡送會，講演會等事，先均加以調查，再則各公立機關，如各部，院，警察廳，法院，教育局，消防隊，市政廳，商會，各團體，如中英文化協會，學生聯合會，慈善總會，各同鄉會等處，均爲新聞之來源。其種種簿錄記載，常可爲新聞之暗示者，新聞社宜常派員探訪，或翻閱其所記載，遇有反乎常律之事件，或爲多人所欲知之消息，卽可檢出編爲新聞，例如警察廳記錄上有某大人物在某處吸鴉片被拘受罰之登錄，此時新聞社訪員卽可將此消息，檢出編述之，披露於報端；苟遇有可疑，或關重要之點，不妨作爲一種暗示，而即報告其編輯以便派員多方調查，俾得事實之眞相。

惟新聞來源之範圍，有廣狹不同，一方在乎當地社會之風氣，一方在乎新聞社本身之組織。在尊重輿論之社會，諸事取公開主義，對於新聞社訪員有相當之重視，則新聞來源，自較寬廣，其獲得新聞也，亦較容易；反之，在風氣閉塞之社會，事事嚴守秘密，不知輿論爲何物，視新聞社訪員，如猛虎蛇蝎之可畏，則新聞來源，非恃訪員個人之交遊廣闊，將無從尋覓。至在新聞社方面，其組織完備者，必可多聘訪員，多與各通信機關或私人聯絡，則新聞之來源自廣，據聞美國紐約大報，每日所得之新聞，常三四倍於其報紙所登者，此無他，組織完備，而消息靈通故也。

第四節　新聞之採集

新聞社之獲得新聞，計有三途；一由其本社訪員所探集者，二由各通信所供給者，三由他報所翻譯或轉錄者。其由本社採集新聞之人，大抵有三種，即採集本埠新聞之訪員，採集外埠新聞之通信員以及採集特別新聞之特別訪員是也，此種訪員或通信員，於探得新聞後立即用電話，或用其他適當方法報告於報館，編輯者審查之後，卽可記出付印，惟外埠通信員亦分三種，其一爲普通通信員，卽專事報告新聞者；其一爲特派通信員，卽新聞社特別派往一地，以調查預定之事件者，如去年一二八戰事，上海各大新聞社，有特派往前敵，調查戰爭情形者；其一爲特約通信員，卽報社約定以其人見聞所及，或研究所得組爲通信者，如各地記遊之通信，或各地風土考察之紀實，皆此類通信員所作者也。

通信員與訪員，雖同爲新聞社採編新聞之人，但其責任則通信員較訪員爲重，以前者無人指導，一切須自行負責，後者則全由新聞社編輯爲之排定事務，可毋多勞思慮也。

再自新聞方面言，事實有突如其來者，有預有所知者。新總統之就任也，學校之開紀念會也，議會之有選舉也，凡此皆爲新聞社所能預知之事。他如火災也，地震也，輪船遇險也，飛機失事也，則皆非事前所能預知者。此二種意內意外之事實，對於新聞社之準備訪員之任務，自有重大意義。蓋預知之事，新聞社早有準備，屆時派訪員前往探聽報告，卽可採得確有把握之新聞。彼突然發生之事，新聞社既不能於事前準備，卽常有意外失覺之可慮。在歐美有曰自由記者 Free Lance，不屬於任何新聞社，常以個人蒐集之材料，供給新聞社，以獲得相當之酬報，此種人常有供給意外突發事件消息之事，此亦可補新聞社耳目之所不及也。

第五節　訪員之資格及其應循之規律

訪員之職務爲採集新聞；然以世界之大，事變之繁，何事足爲新聞，何者可稱較有價值之新聞，此中採擇，非賴有豐富之經驗，與敏銳之眼光，不能觀察精確，更不知從何着手紀載。是以爲訪員者，必須具相當之資格；其學問雖不必專研淵深，但普通常識，不可不富，各地方之習慣規則，不可不知。不然，非東碰西衝，茫無所措，卽不加審查，率意相告，此皆非可謂稱職之訪員也。至若特別訪員，其所採集之新聞，均屬一方面者，如商業特別訪員，專採集商業新聞；教育特別訪員，專採集教育新聞；是則對於其所專採方面之智識，又不可不有相當之研究。質言之，卽普通訪員之資格，必須有廣博之智識，特別訪員之資格，必須有專門之研究。

此外爲訪員者，尤必須具敏捷之才能，強健之記憶，精細之觀察，與勤勉之習慣。茲再分述如次：

敏捷之才能　「敏捷」在新聞事業上爲成功之妙訣；蓋新聞之貴乎新與速，已如上述，則訪員之須如何運用其敏捷才具，以節省時間，自不待言。故訪員必須熟知新聞之來源及如何可以採得之方法；採得後又須能迅速運用文思，作簡明不背事實之報告，以送登新聞社，是以同一新聞往往此得而彼失，蓋卽敏捷與否之差異也。

強健之記憶　訪員於採集新聞時，或有不便立時筆記者，於是必賴強健之記憶，始能保存其所採集之事實，以待製稿時之應用，蓋眞正訪員，鮮有當人而出其筆記簿詳記者，吾人知新聞之獲得，常於無意談話中得之，若執人而詢其有無新聞，人必搖首而遜謝之，若與人隨便談話，偶得一二奇特消息，決不可卽出紙筆以記載其所言。否則，人必以懼負責任之故，含糊其辭，甚且不願繼續其談話。是以老諫之訪員，必待其人辭畢，而後默記其詳細事實，歸而濡筆記之。有時新聞雖由專意訪問而得，但爲爲求談話之一貫，或爲免對方之嫌煩，亦不在人前出薄書寫，卽書寫，亦僅摘其要點而已，其餘事實，必待歸而詳記也。要之，此等功夫，非有強健之記憶力不可。

精細之觀察　新聞須求事實，前既詳言之矣；然社會中人，良莠不齊，訪員之採集新聞也，時或爲人蒙蔽，或受人愚弄，致顚倒事實，以僞混眞，此又不可不察；故爲訪員者，對於新聞，必須有精細之觀察力，能判其眞僞，且能斷定其價值，如是可省反覆推究之勞；又訪員時或因忙而致人名住址與事實不符，待新聞揭載，質問頻來，是又平添不少麻煩，此亦觀察不精細故也。故此條對於訪員，實亦至爲切要。

勤勉之習慣　勤勉二字，爲任何事業成功之基礎，而於訪員尤爲切要；蓋採訪新聞，並非易事，既須任多方奔走之勞苦，又須具察言觀色之耐心，有時且幾費週折，歷盡艱苦，仍無所得。然爲訪員，不能因挫折而灰心，更不能因人之責難而放棄其天職，歐美各國遇稍有重要之事，必有訪員在座，遇一名人入境，訪員必不辭勞苦，或鵠候站埠，或麕集旅社，以求得其談話，其勤勉之態度，實有加人一等，此誠可爲取法者也。

訪員除須具上述資格外，又當遵守下列之規律：

（一）盡心訪求新聞，勿輕信街談巷議之事實。

（二）新聞之價值，當自爲判斷，勿盲從他人褒貶而損益其價值。

（三）採訪新聞須盡力到底，勿空手歸來，勿半途而廢。

（四）辦事須敏速但勿忙亂。

（五）新聞之選擇取舍權在編輯，不可輕諾市惠，更不可受賄而沒藏事實。

（六）新聞之來源處，當勤往採訪，不可一日不去。

（七）本人被派之區內各聞人各地方，應熟悉其詳。

（八）應廣交遊，使於己之事業，多有所助。

（九）訪問時勿當人筆記。

（十）須保守新聞材料出處之祕密。

（十一）須衣冠整潔，態度從容。

（十二）訪問之前，應有所準備，確知己所欲得者爲何。

（十三）須常帶鉛筆紙本，備作各種新聞摘要之記載。

（十四）須常注意時間，使新聞得更確之記載。

總之，訪員應守之事項至多，上所述者，不過舉其犖犖大者耳。

第六節　訪問之種類與要則

訪問有廣義狹義之分，亦可爲因事因人之別，就廣義言，新聞材料之獲得，無一非自訪問；就狹義言，則訪問之對手，必以人物爲單位；換言之，前者重在廣搜博採，後者重在專人談話所謂因事與因人者，其區別亦卽在此。吾人知新聞之事實，有有形者，有無形者，有形者乃外現之事實，耳可得而聞，目可得而見，如某處大火，某處開會等是也。無形者乃內心之事實，既非耳之所能聞，又非目之所能見，求之者，必須有特殊之手腕與努力；如政治家對於時局之意見，財政家對於金融之計劃等是。故言因事訪問也，祇須於事之發生時，或事之舉行時，親至其地，舉目以觀，提耳以聽，卽可採集其欲得之新聞，若言因人訪問，則以就人而探聽事實與徵求意見，乃有種種要則，應當注意，斯卽本節之所欲述者，玆舉要說明之，

（一）訪問前之種種　因人訪問，非易事也。所謂名流要人，忙碌者多，常無暇接見賓客，尤以

對新聞記者，因恐其隨意披露意見，更多不願接見；故訪員直接登門求見，常難如願，最好事前，先託其親近之友人作書，爲之先容，以便對方略知本人之品格，而存有信仰之心，而後己再作函相請，約期趨談，事必可洽，且屆時前去，必蒙歡迎優待。

然訪問之前，又必先研求對方之個性略歷，並計劃己所欲知之事實，而後會見時，可相機談話，發揮問題；若事前對於對方漫無所知，對於己所欲談之事，又茫無計劃，則貿然冒見，必致言不中肯，談話難得要領，既屬虛耗時間，且徒遭對方之藐視；蓋明白對方，非謂可以趨炎奉勢之意，乃以知其爲人，則易於引起談話趣興，然後能得達我所希望之目的。

（二）見面後之機智　見面之後，訪員欲引人談話，倘無臨機應變之智慧，縱具高才博學，亦難盡如所願以償；蓋人有守口如瓶，不願發言者，亦有一言見詢，滔滔不絕者，更有模稜兩可，無甚主張者；訪員對此三種人當各有其應付方法。例如對第一種人，不妨先談其個人嗜好之事業，以引起其談話之興趣，然後隨機應變，引其談到己所欲詢之問題而使其有所表示。如對第二種人，訪員對之談話，必須預定質問之方針，然後直捷了當，提出問題，庶不至任其恣意放談，漫不着實也。至對第三種人，既因其模稜兩可，難得要領，則訪員惟有以他人口氣表示各種意見，以求得其贊否。總之，凡此皆在訪員之機變，要使能出奇制勝，使不至空手而返而已；此所以對於對方個性，須先有相當之認識也。

再訪員必須嚴守第三者地位，不可偏袒何方，即使對於對方有質問或不滿意其談話時，亦祇能以他人之口氣，暗示之，切不可當面反對，以引起對方不快之感，而致礙談話之進行。

（三）鉛筆簿册之善用　鉛筆簿册，固爲訪員隨身之武器，但不可於訪問時妄出之；因談話者，苟知爲特來採集新聞者，必將改變其自然態度，或竟囁嚅而不敢言，或言而吞吐其辭，是即難得眞實之意見；且於對方之豐采人格亦難得眞實之印象。是以老練之訪員，當談話時，決不輕出鉛筆與簿册，任何要點，惟憑內心之強記。

（四）事外之題材　訪員之記談話也，不僅就其問答，徑情直敍，此外凡關對方之態度丰采，居處服裝，以及晤談時之情景，皆可爲記事之點綴，而增加閱者之興趣；否則，僅記一篇談話資料，乃枯燥無味之作品也

（五）記錄之登載　訪問既終，不論對方之要求守秘或懇託揭載，爲訪員者，當斟酌新聞之價值，不可輕與允諾，有事關國家社會之要聞，雖請守祕而不能曲從；反之，如鄉村里巷之瑣事，雖囑託至再，亦無揭載之必要；況登載與否，權在編輯，訪員決不可輕諾而失信用，更不可欺罔編輯，爲敗德之舉，而自失其人格，此在前節中，固已述及，茲以關係重要，故再申說之。至有特別情形者，則爲鄭重起見，不妨示以原稿，以便更正錯誤，且亦與對方以一種好感，使他日求見，不至有所障礙也。

（六）製稿之預備　訪員在訪問時，既不能立時筆記，但爲保留談話之事實，於訪問後，宜立擇地方，將原文記出，如有緊要之語，警人之句，須逐字逐句記錄者，尤須先行摘錄。他如有關統計之數量，亦須迅速寫出，免至製稿時或有遺漏，且亦爲迅速製稿之預備也。

第七節　各種通信方法

新聞社之採集新聞，雖有本社訪員及通信員爲之負責，然以地域之範圍廣大，新聞之發生無定，苟僅恃本社之少數訪員及通信員爲之報告消息，則重要新聞，難免不有遺漏，若使新聞社於各處遍布訪員及通信員，又爲事實上所不可能，因此通信社之通信尙矣。通信社乃專代各新聞社蒐集新聞材料之機關，近代新聞社多利用之。凡信用素著之通信社，其通信多屬可靠，各新聞社亦多樂用之。以其可省去另行派人調查之費用也。現在新聞紙上各新聞，常有相同之文章與相同之事實報告，大抵皆由通信社得來之通信紀事。然此種原本採用之通信，大概祇限於無關緊要之新聞，若稍關重要者，新聞社仍必自加調查，然後依所得新材料以製作適當之新聞。

此外又有機關與私人之通信，其所述雖非盡屬可靠，然大半可爲新聞之暗示，新聞社在收到此種通信或消息後，應立派訪員加以調查，亦可爲新聞社獲得意外材料之助也。

第八節　各類事件之敍述法

訪員之探求新聞也，有就見聞所及而得之者，有賴手腕機智而得之者；前者爲有形之事實，後者則無形之事實也。其所獲得之事件不一，而敍述之法亦固有異；關於前項有形事實，要不外乎各種會集，各種儀式，及各種臨時發生之突變，關於此等事件，敍述要點，在注意時日地點人物，會場景況，或災害損失，均就其實際情況，作鹽動有興趣之描寫。關於無形事實之材料，多半由個人訪問而得者，其敍述主眼，在於對手人物，普通有二法足稱完善，其一，以介紹談話者之姓氏略歷及會晤地點與時日作引。其一，以談話者之重要語句作引，而後再說明言者姓氏，以及何時作此談話等。要之，此種談話記錄，務使活潑生動，固不必逐字逐句呆板記敍也。若直敍過多，必覺討厭，中間不妨夾入個人觀感，如關其談話者之丰采及週圍景趣等，則必覺其文生氣勃然，閱之而有興趣矣。

第三章 文稿之撰著

新聞紙上之材料，形形色色，種類繁多，就其文字之形式言之，則有莊嚴正大之社論，趣味濃郁之新聞紀事，點綴新鮮之特殊作品，滑稽突悌之短篇紀錄以及各種啓事廣告之雜載，大塊文章，俯拾卽是；然此中皆各有其不同之風格，各有其應守之要則，試依次述之：

第一節 社論

社論乃新聞紙之靈魂，爲創導輿論之總樞紐，其勢力直接足以轉移羣衆之思想，簡接足以影響國家之命運。歐美大報一篇論文，顚覆內閣，乃尋常事；吾國辛亥革命之起，亦未嘗非當時新聞紙社論鼓吹之功。然新聞記者，非易爲也，必須思想老練智識豐富，方能發表其正當之主張，又必須對於時事有深切之了解，高瞻遠矚，胸有成竹，然後其下筆行文褒貶適當，儼如老吏斷案，不受任何勢力之動搖矣。至其內容則當注意下列諸要則：

（一）新聞之題材　新聞紙之價值貴乎新，故社論之題材，當以當日之新聞爲範圍，而此新聞又必爲多數閱者所注意之事實，作者撰著時，絕不宜存何等成見，當就事實，秉公論列，若空談仁義道德，題不切時者，不取也；借端謾罵，以遣發牢騷者，尤不取也。蓋健全之輿論，必須具正大之宗旨，而後所言始有價值，否則，縱具切合時宜之題材，亦不能作正當之發揮也。

（二）明確之見解　社論既負創導輿論之職責，其立言命意，務須明確，其批評時事，務須透闢，爲是爲非，昭然若揭，既不可畏首畏尾，以模稜兩可之言詞爲敷衍，又不可以痛癢無關不負責任之語句，作塘塞。我國新聞紙之社論，入民國以來，頗多此病，至民十五左右，國人對之尤多詆議。近已稍稍改進，而議論較爲精到透闢，見解較爲明確公允者，亦只津滬間一兩家著名報紙而已。

（三）簡明之文字　新聞紙爲大衆之讀物，其文字自以簡明爲主，社論若用深晦艱澀之文，字，縱有良好材料，明確見解，亦難得讀者之歡迎；故與其引經考典，炫其深奧而見棄，不如明白曉暢，普及羣衆爲可貴；是以精明之社論作者，必以最經濟之手段以少數簡明之文字，發表極充實之意見而博得多數讀者之同情也。

第二節　新聞紀事

新聞紀事之目的在報告消息於讀者，其所敍述，務須翔實，不可參加已意，亦不可妄示褒貶，縱使新聞有引起興味之使命，但決不能爲求興味而顚倒事實，淆惑聽聞；故理想之新聞記者，必具有客觀之態度，公正無私之眼光，而副之以簡明迅速之筆，活潑動人之文字，方爲合格。蓋此類文字在文學格式，固獨具一例也。

新聞記事之類別，以性質分之，種類至多，如國際新聞也，政治新聞也，外交新聞也，教育新聞也等等。但以記事之形式分之，要不外乎三種，卽詳報（Full Report），概述（Outline），與印象（Impression）是也。玆所欲述者乃關乎記事之形式以知其各類之作法，試分述之：

（一）詳報　詳報乃用於重大或特別注意之事件，其記載委曲詳盡不嫌其煩。如關國際間重要會議或國內政治變化或名人發表政見之演說，或法院判決要案之判詞，或爲有興味之社會新聞，皆連篇累牘，廣佔篇幅，甚有連登數次而猶爲羣衆所樂道者。但世事繁頣而新聞紙篇幅有限，此種詳報勢難盡量登載，是以近今新聞記者，非對極重要之事件，不盡作詳報。且此種記載，類多刻板敍述，了無生氣，亦未必皆爲讀者所歡迎也。

（二）概述　概述乃記敍事件要旨之謂。如作演說記事，通常非必記載全文，記者常以己之口吻敍述其演說大旨而已。又如普通會議記事，通常亦不詳記內容；惟將重要之事實，概括一敍，如開會秩序，會議事項以及到會人數等而已；然此種記述，亦有其詳略精細之不同。要之，在斟酌事件之輕重以及篇幅之如何以自由伸縮可也。

（三）印象　印象記事乃由記者觀察所得之材料，而加以生動之描寫之謂也。此種印象記述，近今新聞紙上甚爲流行；蓋以其描寫之力，能使讀者有如身臨其境之快感。如新聞紙所載開會記事等，記者除敍述事件外，常將會場中各色人物有趣談話，加以描寫之文句，使讀者如見其人，如聞其聲，此即其例也。新聞雖重客觀之事實，但若事事秉筆直敍，必覺毫無意味，是以稍加描寫，可使新聞生色，且純正之印象記述，反可使事件之真相，益加顯明；例如記述戰爭，欲述戰事之烈，若僅記其兵士死傷之數，必難使人盡明眞相，若於軍士作戰或受傷之情形，加以描寫，必倍覺親切動人矣。至於浮詞誇大，言過其實者，則又當別論。

總之，詳報嫌其煩瑣，概述嫌其枯寂，惟此印象之記述，可使要而不繁，又多趣味，此所以爲近代新聞界盛行之一種記事體也。

第三節　新聞記事之敍題

敍題者，將重要文字，置於前段，而引起讀者注意之謂也。平常新聞記事之敍題，皆以事件之綱要，提置於前，後乃順次述其事件詳情，凡愈後者，愈不重要。此種敍題目的，在使讀者，只讀起首，即可明了，而編輯者在遇記事過多之時，亦可隨意舍去後列之記述，而無傷大體。然此種敍題，常不免偏於單調，有時令讀者生厭，現時新聞記者類多能運其智慧，以善用此慣例，於是有各種各色之敍題，以誘起讀者之興味焉。茲舉數例如左：

（一）直敍事件之敍題　楚有巡洋艦肇禍

「海軍部楚有巡洋艦，昨日在吳淞試炮肇禍，射死技士何爾錕，記者今晨特向海軍方面探悉其續情如次」（二十二年八月二十二日大晚報）

（二）委婉曲折之敍題　黃河水漲轟動汴梁城

「這兩天的汴垣，搶險修築護城，鬧得滿城風雨，連「三不」中的電燈，居然也爲了維護城防，通霄明亮起來，偌大的開封，可算全被黃河水勢籠罩了！今天本來還想到黑岡口視察一下，覺得水已退落，沒有必要，偏偏紛紛傳說：「水大王」來到南關城下附近，被搬運麻袋的人發現了！用托盤接至大南門內亭中，於是，便和本館新到汴的楊汝泉君，覓車往看大王爺。」（二十二年八月十七日大公報）

（三）用「警句作敍題」　日之獨裁威脅

「日白髮財相高橋今日向報界代表發表一警告式之演說，高橋宣稱：「如政務繼續取目前之途徑，深恐日本將爲獨裁制所支配。」許多密切觀察時局者，咸信此種警告，爲非全無價值；蓋未來之數年，似爲日本非常之危機，故如欲使國家安渡此臨頭危境，必須有卓絕的勇毅與經國之才。」（二十二年八月二十一日大晚報）

（四）觸目驚心之敍題　洛口水位超記錄

「洛口水勢飛漲，片刻數增；二十日午水位已三十公尺六寸，超過今去兩年最高紀錄，聞洛口大堤最高水位三十一公尺五寸，如再漲九公寸，將水淹濟南。」（二十二年八月三日晨報）

（五）迂緩敍述之敍題　爲科學而犧牲

「英國愛頓學院教師四，以善於爬山著聞，近在瑞士攀登阿爾卑斯山十四峯，本月十六日由薩麥登出發，擬作最後一次之冒險，然後返英，彼等未攜引路人與俱；是夜宿於山邊之塞爾埃小屋中，星期四日攀登羅塞格高峯，但在下山之際，誤入迷途，而在冰塊上滑下，墜落百尺，而死於懸崖之麓，屍身尚未覓得，但四屍相抱，依稀可見。」（二十二年八月二十日晨報）

（六）以歷史背景作敍題　東北外交界之近況

「自國際聯盟通過不承認僞國後，此私生子性質之僞國，除與其生產者之日本發生所謂國際關係外，舉凡世界國家，無肯與之發生往來者；因領事雖有異於公使，但亦爲代表本國政府之商務官，自吾國政權，被迫不能行使後，各國領事已失其對手方，在此狀態下辦理交涉，究竟何者爲對手，頗爲疑問……」（二十二年八月十七日大公報）

以上所舉諸例，非謂盡新聞記事叙題之種類；且所舉亦未必可爲模範，信手拈來，不過聊示其變化之多而已。優秀之新聞家，儘可運用其文學天才，審察事件之輕重，而冠以適當之敍題也。

新聞記事之敍題是否切合適用，可以下列之標準繩之，以爲編輯者與著作者之嚮導。

（一）務須簡潔明快，一瞥即能了解其意義。

（二）須切合材料內容，莊嚴正大之新聞，語句當以莊重之語句出之。市井雜報之新聞，不妨以輕鬆活潑之筆描述之。

（三）須一起即能打中讀者之心，猶各矢之標的。

（四）除各種雜報之敍題，可用迂迴曲折之筆外，凡重要新聞，當以總束事件之綱領作敍題，以答讀者所急切欲知之事件，其內容不必過詳，要在適度明瞭而已。

（五）總束直敍之敍題平常用之最多，故一起即須敍述重要之事情，

（六）敍題須次序分明，使後者所述，不至與前重複。

（七）須能獨創一格，不受流俗慣例之覊束，記述之際，當更取清新含有個性之筆調，而新聞乃勃然有生氣矣。

（八）時日之敍述，除重要事件外，應爲附屬的。

（九）編輯者對於記事之觀察，須正確精深，不使重要之事件，誤置在後。

（十）不適當之敍題，如虛浮誇大或言過其實，或軟弱無力，或奇異怪誕，均須加以修正或重寫。

第四節　特殊作品

特殊作品，乃新聞紙藉以爲一種點綴而調和讀者之興味之各種文章也。其所著述，不必爲新

聞時事之材料，惟爲一報館特有之文種類甚多，如小說詩歌，軼聞隨筆，各種游記，通俗科學，世界情事，人物傳記，以及各種專門論文等均屬之。

此項文字無論其爲專論爲小品，要皆以揭載於新聞紙而貢諸大衆爲目的，故左列之要則，爲其所當遵守也。

（一）長短適度　新聞紙之讀者，多爲忙碌之人，此等特殊作品，最好勿使長篇連續過久，久則不免生厭，且有遺忘而致首尾不接之虞。英美新聞紙特殊作品，多以一回完結者，即如小說，亦多注意短篇，其分回連續者，至多亦不逾一星期，如是即可長新讀者之耳目，又可使短期或忙碌之讀者，得易於窺其全豹。特殊作品，雖嫌其過長，但亦不宜過短，過短則難饜讀者之望。是以必求其適度，大約由五百字至二千字爲適度之範圍，我國新聞紙常有連續數月之長篇小說，此殊不合新聞紙之特質也。

此外滑稽文字，則以不傷大雅爲重，廣告及啓事，則以眞實明白爲尙。是皆在編輯者之明察善辨，知當如何撰登也。

第五節　副刊與小報

副刊乃報紙之餘幅，與正張異其旨趣。正張之主體爲新聞，而副刊則多載文藝作品，傳記軼事等。其內容以趣味雋永爲歸，其用意在輔助讀者興趣。今日各報以嗜讀副刊者之日衆，對於副刊內容，競爭頗烈，若申報之自由談，新聞報之新園林，時事新報之青光，皆花樣日新，包羅彌富。或單印一小張，或另附數類副刊。（如文學週刊婦女週刊等學藝刊物，亦皆風行海內。）甚或獨立發行，如神州之晶報，亦可見其發達之盛矣。

副刊之宗旨，雖偏於消遣娛樂之性質，但亦當出之正當，庶多少有俾社會，若徒述下流之事跡，或徒揭個人之隱私，或利用之爲對個人抑揚之具，不惜迎合下流讀者心理，以推廣銷路，是皆有玷新聞紙之地位，而所應切戒也。今日新聞紙副刊多注重文藝小品，較之以前之徒以評劇談花爲能事者，蓋已進步多矣。

小報者以其篇幅較小，故遂以得名，在社會亦頗具相當之勢力，吾人不當以其小而忽視之。小報取材與大報異。言其範圍則廣大無限，牛溲馬渤，兼收並蓄。言其文字則體例無定，喜笑怒罵，任意所之。如最初之繁華報，笑林報，宋月報等，或以雋妙見賞，或以尖刻動人。皆馳譽當時，見重於世。後起者如晶報，金鋼鑽，福爾摩斯等，種類繁多，不勝枚舉。小報之長處，在能言大報之所不敢言，記大報之所不敢記。以生動之妙筆，寫新穎驚奇之事件，以補大報之沈悶，而引起讀者之興趣，固多有足稱者。惟種類既多，流品亦雜，或揑造事實，或攻訐隱私，甚且誨淫誨盜，自墮報格。其風尙之可疵議，至近日而彌甚。故近上海市教育局有小報審查委員會之組織，檢查小報內容之是否正當，以定褒獎或懲罰。並明示條例，各使遵守。按其所訂小報審查規程第五條，凡出版小報有合於左列各款之一，經該局審查合格者，准其發行銷行，並褒獎之。

（一）宣傳中國國民黨黨義，引導民衆努力國民革命者。

（二）研究生活問題，及風俗習慣，而有領導民衆除舊革新之旨趣者。

（三）傳布智識或學術，而有益於全社會或某社會者。

（四）發揮文學美術，予民衆或一部份人以精神上之愉快者。

其第七條審查結果認爲有左列各項之一者，禁止其發行或銷行。並得懲戒發行人或編輯人。

（一）違反黨義煽惑輿論者。

（二）詭辭誨盜有妨治安者。

（三）迹涉淫褻足以誘惑靑年者。

（四）摘人隱私，毀人名譽，專事誚訕謾罵者。

（五）專載妄誕以淆惑觀聽者。

（六）專事投機，意在敲詐者。

（七）文辭隱晦，實合上述六項惡意之一者。

此舉果有實效，自有裨社會非淺，且可一整新聞界之風氣也。

第四章　新聞之編輯

新聞社既由採訪而得種種新聞材料，則新聞紙之形體已備，然而欲使此形體健全表現動人，則必賴乎編輯。編輯之於新聞紙，實猶靈魂之於軀殼也。一樣新聞紙，如編輯完美，可使不脛而走，分布世界。吾人每謂，某種新聞紙，消息如何靈速，某種新聞紙，內容如何充實；不知其原動力皆由於編輯之完美，故此章之主旨，在敘述編輯之內容及討論編輯之實務，期有當於研究新聞學者之參考。

第一節　材料之蒐集

新聞社之蒐集新聞材料也，除其本社訪員，通信員，爲其負責報告消息外，尤多賴通信社之補助。世事日繁，新聞記者之職務範圍亦因而擴大，以一社之力，終難遍布通信員於世界，於是有蒐集新聞材料爲專業之通信社起而代之。此外則社外專家之投稿，社外友人之特別通信，以及外報之翻譯與專門作品之徵求，均爲編輯者蒐集材料之方法也。茲依次述之如左：

（一）訪員及通信員　訪員之分配，有專駐一定區域而採集其當地之新聞者，有專從事採集特種新聞者，亦有事變發生，臨時特派爲調查者；其職務與分配，皆係受編輯部之指揮。南京與上海爲政治與商務之中心，故各報常有專員駐其間，所得新聞，爲一報所獨有，餘則就地招聘其新聞並見於其他各報。在美國訪員直承城市部長之命令，凡預知之事，城市部長有一預記簿記明時日以及其應注意之事項，屆期卽可分派訪員前往調查而訪得新聞；特種事變發生，城市部長亦可臨時令訪員分頭調查，以得詳細之報告。

通信員乃採集外埠之新聞，雖亦受編輯部之指示，但以函電往返，比較麻煩，故多數事件，常爲通信員自行獲得之材料。在美國通信員自得之材料，常以電信詢問方法，以待出售，如在通信報告之先，僅將事件要領，電示通信部長，部長如需要此項新聞，卽可覆電詢其字數，而通信員卽按照字數而得報酬。但在中國，此法已不適用。因交通機關不如美國便利，事實上來不及如此商酌也。

（二）通信社　通信社之組織，有係股分性質之營利通信社，如英之路透 Reuter's Limted，法之哈佛 L'Agence Havas，皆以供給新聞而營利者；又有會員組織而非營利之通信社，如美之聯合通信社 Associated Press，由美國各大新聞社集合而成者，專採集世界新聞，並交換新聞記事。凡同盟之新聞社，均有擔任其費用義務，同時亦有獲得通信社新聞報告之權利。此外尙有特殊專門之通信社，如家庭戲劇之類，新聞社均可隨時以相當代價獲得其新聞材料。惟通信社之通信，多屬斷片零簡，不足爲完全之材料，卽使完全，又不知是否可靠，是則一方面在於通信社之信用，一方面則又在編輯者之鑒別力，故組織完美之新聞社，在接得通信後，必愼加調查，並嚴正修改其文字。我國新聞紙之國外新聞，多出自上述之外人通信社，以國人自辦之通信社，尙未十分完美也。

（三）社外之投稿　社外來稿，如係專家論評及各種眞實記事，自爲新聞社所歡迎；若爲廣告營私性質之稿件，僅爲個人之利祿名譽，無關社會利益者，則當力加拒絕，是又在編輯者之明辨善察。

新聞社之社友愈多，則其材料來源亦愈廣，所謂集思廣益是也。故凡社友皆可以其特殊研究之心得，或爲記載，或爲論評，以供給新聞社作良好之材料也。

（四）轉載　剪錄國內各地報紙之重要新聞，視其輕重關係而分別轉錄之。此事須加審慎，每有自己報紙爲人轉錄，後來轉錄之報紙，由他處寄來，時久遺忘自己又從而轉錄，則不免遺笑方家矣。

（五）外報之翻譯　新聞社縱有訪員通信員之採訪消息，及通信社之通信報告，然仍有良材未盡之虞，故編輯部必設專員使披閱各種外報及雜誌等，如有重要新聞及良好材料，卽可移譯選登本社之新聞紙，既可使新聞完美，又可備材料缺乏時之需用。

（六）特別作品之徵求　新聞社懸重金以徵求作品，亦爲蒐集材料之一法，如去夏申報徵求學生暑假作業計劃之作品是，既可增加讀者之興味，並可鼓勵學生修學之志向，亦社會教育之一種也。

（七）新聞之分類　新聞之材料，形形色色，包羅至廣，茲就各報所常見者，爲分類如下。

（一）政治新聞　包括內政，外交，和議等。

（二）經濟新聞　包括公債，實業，勞動，物價，金融，財政，稅務，交通等。

（三）文化新聞　包括教育，演講，戲劇等。

（四）社會新聞　包括窮困，遊藝，土匪，竊盜，集會，訴訟，慈善，殺傷，搶刼，烟賭。

（五）其他雜項

至各報之注意，則因時因地之不同，常多變遷，有重經濟社會者，有政治文化者，大抵由辦報者自行決定，無一定法規可作準則也。

第二節　編輯上之職務

（一）原稿之整理　新聞紙欲收得實際效果，必須有完美之寫作，與完美之編輯。新聞之採訪與敍述，責在訪員與通信員，但整製稿件，而使之完美，則責在編輯，蓋訪員所得之材料，多為問題之片段，難以獨立，即使草草完成，而其匆忙急遽中之文字，缺點亦自不免。通信員之通信，文字方面，當無大疵，編輯者不過就問題之分際，斟酌其去取而已，然若事實上有謬誤，則仍須編輯者負其責也；故整理來稿，乃編輯上重要之職務也。

（二）事實之訂正　新聞稿件複雜，敍述草草，其中錯誤，自所不免，最重要者，乃事實本身之錯誤，此常由於訪事者觀察未明，傳聞失實所致，編輯者發現此錯誤後，當立派訪員再事調查，務使眞正事實，不至爲所蒙蔽，而後爲之訂正揭載。故編輯者，一如新聞之警察，有保護正確新聞之義務。

（三）文字之修改　訪員行文，既多草草，其文字或嫌語句不順，或嫌章節欠明，或別字誤寫，或要字脫略，凡此皆賴編輯者爲之修正，要使淸順明適，切合新聞體裁，至若鋪張揚厲，徒具文采，而無實質之文字，則非新聞紙上所必需，編輯者勿徒以文學眼光濫爲錄取也。

（四）內容之鑒別　新聞內容，是否代表眞正事實，語句有無含混之處，是否帶有毀謗譏刺之性質，而易惹起無限糾紛者，編輯者在在須加精確之判定，而使取舍之有當，否則，無價值之新聞，充滿篇幅，不惟社外之質問頻來，且報紙之聲價掃地矣。

他如廣告性質之新聞或舊聞重敍之記載，均足以損新聞紙之價值，又不可不明察而排除之也。

（五）人名地名等之校正　稿件中有提及人名地名等者，必須細察有無錯誤？倘係電報之僅寫名或姓者。尤應愼重塡寫，勿使張冠李戴，致爲識者所竊笑。

（六）排版活字之指定與標點之分明　新聞事件重要之分量不等，故排版時所用活字亦有分別，編輯者當判別事件之分量，以定其應用活字之大小，凡應用何號活字，均當於文旁加以註明，至標點之用，則爲淸醒讀者眉目，亦當精細分明，勿使脫略。

（七）標題之製作　每節新聞之前，必有標題，以示內容之大概，此項標題，皆由編輯爲之，雖有時訪員亦自爲之，編者總必加以審核，不可隨意因陋就簡。因訪稿經人校閱，恆有刪改，面目已變，又標題必須精采動人，訪員或未必人人注意及此也。

（八）閱讀稿件之方法　因稿件本身之性質與編輯者之情性不同，閱讀稿件各有其方法。稿件之種類，有屬已完成之紀載，有屬斷片之報告，有屬冗長而章節未明，有屬過短而難充篇幅；編輯者之情性，亦有長於處理新聞紀事者，有精於經濟政治外交事項者，又有能處理一切而無專長者，故爲編輯長者，當熟思此種情形，將稿件善爲分配，務使各盡其長，各適其用而後已。

平常編輯者閱稿，往往一次閱完，卽可訂正其事實，修改其文字，及其他各種正誤，卽標題之命意，亦可於閱後卽定妥，但亦有人分三次完畢者，如閱其大意爲一次，修改爲一次，標題又爲一次；再亦有分二次完畢者，如閱大意與修改爲一次，標題又爲一次；此中自以能一次畢事爲最迅速而合理想。

（九）材料之剪裁　（一）關於篇幅者，新聞紙篇幅有限，任何紀載，必須經過剪裁，始能合於篇幅。編輯者在閱讀稿件之先，當預知本欄內篇幅地位如何，位置如何，然後視其材料之價值，以完其應佔位置之先後，與篇幅之長短。（二）關於文字者，如紀載中材料雖有廣佔篇幅之價值，但語句冗沓，浮詞過多，則編輯者，當修改其文字，凡無關緊要之語句，必須酌爲淘汰，以免多佔篇幅。（三）關於格式者，如在排印時，發現原稿超過篇幅之地位，則編輯者當將原稿取來重爲修改，務使合於格式。

（十）疑難之解決　編輯者閱稿時，對於事實，或有疑難之點，當循下列方法以解決之。（一）查閱參考書，如各種辭典，名人錄，百科全書，歷史等。（二）或卽將原稿寄回作者，請其重行更正，或詳敍其材料來歷。（三）或另派專員負責調查。（四）或竟將原文删去，但須删去後，並不損新聞方之價值方可。

新聞貴乎確實，凡遇疑難，自不可含混其事，致失社會信仰。精明之編輯，自能明察秋毫，盡全力以保護其新聞紙之價值，決不使稍受蒙蔽也。

（十一）分段之標題　編輯者閱過原稿，一切均已修正滿意，其最後工作，則在標題。短文之標題，祇須總題與附題，已可應付。若爲長文，則須注意分段標題。蓋長篇之新聞紀事，若連篇累牘，不爲畫分段落，必致閱者頭緒不清，且生厭倦，故按節標題，實所以便於閱覽並增加興味也。分段標題與總標題，具同一之性質，皆須表示記事之要領，同時兼含有吸引之能力，方足爲紀事生色，若平淡無味之標題，則與不分段者相去無幾矣。

編輯之職務，重在校閱原稿，至多盡修改訂正之責，非在緊急時間，毋須自作新聞稿件，亦不必將他人來稿重加編製，但編輯者必須具有優良之文筆，與廣博之智識，則爲不可否認之條件，蓋非是不能勝任愉快也。

第三節　編輯者之戒備

（一）誹謗之文字　新聞紙之言論，編輯者負有責任，非可信口雌黃，隨意誹毀者也。無論何國，其國民若因新聞紙之詆毀，而受名譽上之損失，法律皆有相當之規定以處置之。受誹謗者，依法起訴於法院，即足以構成誹謗之訟案。如編輯者被人控告誹謗之刑事罪案，即當受法律之制裁。或科以罰金，或處以監禁，不過此種嚴重之誹謗罪案，通常少見，大多數之誹謗訟案，皆訴之於民事法庭，要求賠償損失而已。

關於誹謗在法律上如何規定，容於他章另述之。玆僅以普通新聞紙上所發生之事，而足以構成誹謗罪者略舉一二如下：新聞記事中，無論其標題或文中語句，有帶誣罔性質者，不論關於個人道德，如誣爲殺人及強盜等，或關於個人疾病，如誣爲癲瘋者，或關個人職業及商業，誣述而有種種誣罔語句，足以影響其營業，或個人事業以及其他有損個人名譽等類，皆足以引起訴訟之事件，而爲編輯者所當引爲深戒者。

例：

（二）顯帶惡意之語句　凡顯明帶有惡意之詞句，應力行避除，勿使登載，下列爲最顯著之。

(1)公衆所認爲罪犯之名詞　如盜賊，騙子，姦夫等等，不能隨便加諸私人。

(2)片面之傳聞　如言鄰居所述，或某人之意以爲如何等。

(3)種族上之別名　如言日人爲「倭奴」等。

(4)顯帶惡意之論調　如言某人直盜賊之不如等。

(5)尖酸刻薄之文字　如直指人爲惡魔，流氓等，不如改爲溫和之語句，而謂爲不良之徒。

(6)不具名之事實　如述「據謂此人前曾謀殺其妻等。」

以上所舉，雖不盡有毀謗之嫌，然大半皆足引起無謂之糾紛。編輯者如尊重其自己之職務及保護其新聞紙之威信，自當注意及之。

（三）不準登載之事件　新聞紙爲言論機關，自當享有言論自由之權利，但爲公共利益計，亦不能逾越法律範圍，此在各國，亦皆有其相當限制，茲依民國十九年國民政府所公布出版法內

第十九條與第二十條之規定，摘錄如左：

第十九條　出版品不得爲左列各款之記載。

（一）意圖破壞中國國民黨或三民主義者。

（二）意圖顚覆國民政府，或損害中華國民利益者。

（三）意圖破壞公共秩序者。

（四）妨害善良風俗者。

第二十條　出版品不得登載禁止公開訴訟事件之辯論。

關於新聞紙之條律，法律規定者甚多，玆所述者，不過爲編輯者應守之範圍，知此可不至牽及訟事之糾紛而已。

（四）嬉笑謾罵之文字　新聞紙之威信，全恃其新聞正確，與論正大；若嬉笑謾罵之文字，或足取悅於下流讀者，但必致失去一般人之信仰。故爲編輯者，當注意此等文字，不可任其夾雜各種文件之中，或排入揭登。

（五）其他謬誤　新聞紙上之謬誤，不勝枚舉，如事實之誤載，文字之疵累，論斷之失當，凡此種種，皆爲編輯者所當注意而努力改正者，是篇所舉，僅其最重要者耳。

此外編輯者之資格，出版法內第十條亦有相當規定，并錄於左：

第十條　左列各款之人，不得爲新聞紙或雜誌之發行人或編輯人。

（一）在國內無住所者。

（二）禁治產者。

（三）被處徒刑或一月以上之拘役在執行中者。

（四）褫奪公權尚未復權者。

第五章　新聞之標題

標題之目的　標題在新聞紙上佔極重要之位置。每一新聞記事之前，必冠以一行或數行之標題，揭示事件之綱領。其目的一以便於閱者，使無暇讀報之人，亦得一瞥而知世界大事之綱領。一以引人注意，因標題之形式與地位，常易惹人注目，不啻爲新聞之廣告，卽忙碌之讀者，一見其驚心動魄之大字標題，必足誘起其求知慾，而以一覩全豹爲快焉。

標題非易事，寥寥數字，而欲將全文中重要大事，包舉無遺，且必使語句動人，引人入勝，此中誠大有藝術性在也。善標題者一語足爲全文生色。反之，不善標題者，有良好材料，亦將埋沒而被忽視。但標題雖能作記事內容之廣告，亦應以事實爲根據。若過誇大其詞，言不符實，則事近欺罔，非新聞學中所取也。再標題之性質，乃爲記述之描寫，故當與記事同一公平誠實。偏袒批評之語句，皆當切戒。歐美各報對於標題之利用甚廣，甚有以各種顏色印刷長行之大標題，冀惹人目而引人購買者。

如通衢銷售之夕刊，類多藉此以廣銷路吾國在街市叫賣之晚報，亦時用顏色標題，以增其叫賣之力。

總標題之位置　新聞紙之總標題，乃關本日所發生重要大事之撮要，通常皆置於報之第一張前幅，以便閱者觸目即知本日所發生之重大事件。吾國新聞紙，近今亦有採用此項總標題者。茲將申報新聞報所用者各舉一例如左；

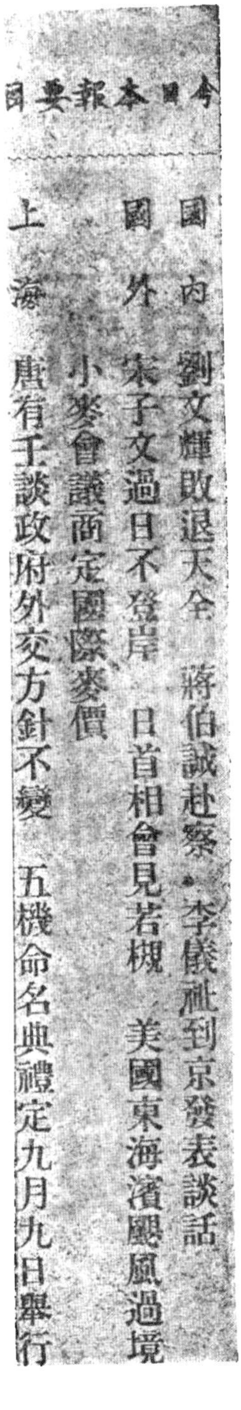
今日本報要目

國內　劉文輝敗退天全　蔣伯誠赴察‧李儀祉到京發表談話

國外　宋子文過日不登岸　日首相會見若槻　美國東海濱颶風過境

小麥會議商定國際麥價

上海　虞有壬談政府外交方針不變　五機命名典禮定九月九日舉行

（申報總標題）

（新聞報總標題）

今日提要

△蔣委長電各部速救水災

△包頭方面亦發生水災

△宋子文聲明過日不登岸

△羅文幹定今晨飛往新疆

△倫敦小麥會議議定國際麥價

△德奧關係嚴重德兵開奧

△建設吳淞鄉村衛生模範

△縣黨部通電反對借漕

美報標題可分為二派，一派主張多用字數，將記事中所有新聞盡數撮要述之，使讀者無須細閱內容，即知大概。一派主張少用字數，僅將記事中重要新聞揭示之，餘令讀者自閱內容。其主張多用字數者，常將標題分為數行，有長至佔全格內三分之一之位置者。其主張少用字數者，其標題至多佔新聞記事前一行或二行而已。

標題之形式　標題之形式不一，類皆因記事之內容而區分者。凡重要複雜之記事，其標題之形式亦較複雜。西報常有以三四種以上不同形式之標題，置於同一記事之前者，例如左：

B

Woman's Stabbing
Of Man Related
By Eye-Witness

Russian Says He Saw
Fatal Attack Upon
Captain Youngs

MANY FOREIGNERS
IN COURT TODAY

Mrs. Katherine Hadley
Presents Appearance
Of Greater Calm

A

Hoover Refuses
To Testify For
Bank Prosecutor

Former President Says
His Knowledge Of True
Situation Scanty

GRAND JURY AT
DETROIT CURIOUS

Michigan Determined To
Find Real Cause Of
Financial Failure

右例AB標題，其中即有三種不同形式。若簡單之新聞記事，常用一種或兩種標題，例如CD E。至應用何種，則均視記事之內容，及排列上之美觀，由編輯者自由變化焉。

C *Auto Salesman Presented With Shield*

D *Beauty Built Into Dodge's*
Two Entirely New Trucks

CARS IN SHANGHAI

E **Results Of Personal Examination And Tests**
By A Post & Mercury Staff Member

吾國舊日新聞紙，於標題殊少研究，任何長篇之新聞記事，僅冠一題目而已，並無各種標題，作爲分題目者。近來各報始漸覺標題重要，在新聞紙上亦時見各式標題。卽所謂正題，副題，或正標題，側標題者是也，但通常所用末有如西報之複雜而多變化，茲舉數例如左：

（一）

羅文幹決明日飛新疆
擬在新設立交涉使署
辦理新蘇間外交事件
。
中俄各條約亦將作初步接洽

（二）

孫殿英再索軍費

謂尚需七十餘萬元

平當局已無法應付

▲太原舉迎孫大會

（三）

突發神經病

一家四口慘死

顧永林殺二子後自縊

妻歸覩慘狀投井溺斃

（四）

外次唐有壬昨日視事

否認外交政策有變更

謂此後即以歷來方針為方針

在滬會訪有吉並無重要接洽

（五）

車夫苦覓故劍

髮妻嫁作鐘表商妾

出獄回家：：頓覺鳳去樓空

來滬拉車：：方知落花有主

◇◇◇◇◇◇◇◇◇◇◇◇◇◇◇◇◇◇

婦人堅稱鄰居冒認並非本夫

側標題與正標題之關係，至爲密切，其變化之方法亦無窮。通常正標題之字數不過一行，而側標題則無定式，有一行者，有二行以上者。正標題與側標題之意義，有時爲各成獨立之語句，如例（五）；有時爲意義與語句相爲連屬者，如例（三）；更有意義相連而語句不連者，如例（一）例（二）。總之正標題者，乃記事之本旨，而側標題者，所以反映或輔佐正標題之意義而使之更爲明題也。熟練之編輯，一篇記事到手，其中含多少題目，孰正孰側，均早加細察，而知如何安排焉。

此外又有所謂「別立標題」其位置乃在記事各段之中間，或單行或雙行，其字常較本文爲大，或用同大之方字。此種標題，有爲編輯員自撰者，亦有就記事之主要部分，或轉折處抽出者，乃記事自身之文句，非由編輯者另加撰擬者也。此種標題，較可省事，同時興味亦不減於編輯另撰之標題，故做行亦頗容易。茲亦各舉一例如左：

（例一）

如此榆關

（錄二十二年八月十五日天津大公報）

戰後初度訪問記

【本報特訊】在何柱國駐防山海關時代、記者曾一度東行訪何、遊過附近的角山、登過天下第一關城垣遠眺、一濶胸襟、堪稱一座雄壯美麗的名城、但是這名城…………於今年一月三日已經被人佔據了、自此以後、腦膜中無時不反映着山海關、如同一個懷鄉的病者渴念他的家鄉——那雄壯的城垣、東關箭樓上天下第一關蒼老的匾額、城東北緊依着青綠的角山和着山麓附近的孟姜女廟——越思念、越覺眞切、但是因戰事連續的失利、越想舊地重遊、越難達到目的、

訪問目的

幸而……或者是不幸……於日軍進迫平津之際、中日雙方在塘沽訂了城下之盟、簽訂了撤兵條件、又繼續着不斷努力接收、冀北灤東的戰地在戰爭裏找出了和平的道路、總算是把已失去的十九縣土地於幾度接收會議後接收過來了、雖然、各縣長官受日軍不少的屈辱、

北寧路平榆通車亦按照接收的程序、於前日恢復通車了、爲明瞭山海關實在情形起見、搭恢復後的第一次通車去重看這座名城、眼簾所接觸的事實和腦筋所存留的印象、較前越深、車由津站出發、除蘆台有我鐵甲車停駐、唐山站有幾個天津分發的日駐屯軍站崗外、我腦筋中沒有多大感觸、最使我感覺失望的、便是

灤州情況

灤縣車站還有雄赳赳荷槍站崗的關東軍和日本憲兵、車站一旁便是「大日本軍兵舍」、兵舍一旁是日軍酒肆、迤東並排着是關東軍兵站支部和關東軍兵站司令部、日軍羣集在酒肆間高踞痛飲歡呼噪雜、我心中在懷疑官方發表報紙喧傳、日本關東軍於七日撤退淨盡、如果他們說的不是謊言、便是我的眼睛已經失去效用了、而且特設兵舍及兵站司令部、兵站支部、可知灤縣所駐的日軍決不是零零碎碎的而是有相當人數的、在這種日軍監視情形之下恢復通車、亦不過落得個車通榆關的空名、至於處處掣肘、那是不問可知的、再前進至昌黎車站門前、有日軍所留土袋堆成的砲壘、戰勝之遺跡、赴北戴河避暑的西人數名、到站後卽轉開赴海濱的車、車抵秦皇島站、停約半小時、久停的原因、是因爲該站沒有開山海關的路籤、須專車前往交涉後方能開行、

置身異地

當卽下車在站台徘徊、猛見三等候車室內貼有紅綠紙標語、上書「臨榆縣是中日滿親善的樂土」、「妨礙中日滿親善者卽臨榆縣百姓之敵人」、「臨榆縣是中日滿親善之特殊區域」、我看了後自思所謂特殊區域或自此地開始、雖非異國、也算置

身異地、一切舉措、不能毫無顧忌、一時感喟交集、鈴聲噹噹、車向山海關進發、車抵山海關時、使人最感動的是搖旗的老工人、於車方進站之際、面部微露笑容、在這笑容裏面、又似含着無限酸辛、老工人一隻眼睛流着淚、一隻眼睛含着笑、手持小旗一搖一搖地影子在夕陽下暮靄中消失了、車上乘客已經到了盡頭、乃相將下車、

嗚呼桃源

車站上站崗的是「滿洲國境監視警察」、另一部分便是日軍、下車後又須一度於「出口」經過便衣偵探的模索、走到票房一看、那裏有淩亂的紙條張貼着、多半是「奉山路」車開行時間和辦法、又一張煌煌的布告、是日軍服部司令出的、大意謂中國業經戰敗、現在把臨榆及附近一帶劃爲保衞區、望居民各安生業、勿越軌範等類的話、一旁就是「臨榆縣是中日滿親善的桃園」一類的標語、出站後、最先看到的是日軍第十四旅團的糧秣倉庫、站崗的日兵在門前徘徊、日軍的給養在圍牆內高聳層疊、起伏有如山集、日兵站在上面、表示勝利者的得意面孔、我同時在想、這或者是日軍不必就地徵發給養的原因能、南關旅店約有數十家、但是因爲來往旅客太多、往往沒有空間房屋、因之取

費甚高、每一小屋須住五人、每人出房賫六角、如想一人獨住、每屋每日大洋三元、屋內汚穢不堪、除一土坑外、有一木桌、他無長物、食品以至日用品、均較平津價値爲昂、生活程度之高可見一斑、而店主和警察的盤詰囉嗦、尤非他地可比、還有人硬稱爲桃園、眞令人莫明其用意、（下略）

（例二）

班禪宣撫綏東盟旗（錄二十二年八月十七日天津大公報）

歷時兩月極受蒙民歡迎

秋涼後再赴伊盟轉青海

【綏遠通信】班禪額爾德尼赴各盟旗宣化、頗著成效、近電綏主席傅作義報告在綏東各盟旗宣慰經過及蒙民擁護中央情形云、省政府傅主席勛鑒、溯自熱河失陷、日人卽積極陰謀察

綏、

內蒙存亡危在旦夕、禪目擊心傷、不忍自聽滅亡、上奉中央宣化之意、下應盟旗誠摯之請特於五月漾（二十三日）日、領率隨員護士八十餘人、乘自備汽車、經兩月餘之時間、歷往綏省之烏盟提罕貝勒及孕熱布圖等旗、察省之錫盟左右兩蘇尼特、四阿巴噶東西浩齊特西烏珠穆沁旗、及外蒙邊境之布惹特等處、

按區宣化沿途求經歡迎之民衆、居則蔽野、飲則井涸、宣傳之普及、尙堪告慰、他如達罕王四子王德親王、任王熊王、楊王、宋王、索盟長東烏珠穆沁士阿巴噶等旗、貝子貝勒、扎薩克及阿香寺貝子廟堪布漢陽燕都宏共噶足達迺等二十餘寺各堪布呼圖克圖、班直達等、均得先後會晤、在誦經祈福之餘、召集當地僧俗首領、剴切宣慰、詳述中央德政及暴日陰謀、並切實指導、

自衞工作撫循人心、激勵民氣、近又將個人私有之數萬牛馬羊羣現金、分別慰勞各寺、飭誦靖國宏法大經、並隨地編發佛經、參以團結禦侮、擁護黨國之要旨、幸各旗領袖咸明大

義、誓願竭誠擁護中央、力衞國防鄉土、以得政府之統籌協濟、完我河山、刻下宣化告一段落、爰於齊（八日）日旋抵西蘇尼特、與德王面商一切、公竣後即回百靈廟、擬待秋涼、再往伊克昭盟宣化、便道轉靑、知關錦注、特電奉聞、專此卽頌公綏、斑禪額爾德尼、（十五日）

標題之要則 （一）標題之語句，當避重複。不僅在同一記事中須避重複，卽此記事標題與彼記事標題亦不可重複。又其形式方法亦當善於變化，不可千篇一律，有損新聞紙表面之美觀。（二）標題當切事實。在作標題時，應先將新聞記事內容細細察閱，方可命意立題。旣須避免誇大之詞語，又不可有主觀批評之論調。（三）標題之語句，須活潑新鮮，不用陳腐俗套，以免使人讀之厭倦。且記事內容含有活動性，各種事件俱爲生氣勃勃，趣味津津。故標題必須能將此種活動性，全部表現，庶無負爲記事之廣告也。前例「五」頗可爲善於標題者。（四）標題不宜用發問式語句。因新聞紙乃以供給新聞爲職務，事實旣有疑問，祇能當作傳言，非待證實，不應登載之也。（五）標題之字句須簡明切實，不可含糊其詞，致使內容難明，而失其廣告之效能。例如謂某船失事損失甚衆，此「甚衆」二字意頗含糊。新聞紙重在翔實，必須查明其損失眞相，而以數目字揭載之。

第六章　新聞材料之排列與新聞紙之發行

新聞紙上各種新聞記事，論說，廣告，插圖等等，其排列成張，均經精細研究，而有一定之方法，初非偶然湊合者也。排列之主要目的，在使表面具美觀與動人之效能。間接卽欲使讀者有長久之定讀性。所謂定讀性者，卽讀者日日必讀之習慣也。此習慣乃新聞紙生命之關係，必須如何設法培養之，維繫之始可。而新聞紙表面之美觀與效能，實與之有深切關係焉。蓋新聞紙排列及組版若粗陋惡劣，雜亂無序，縱令其內容豐富精美，讀者對之，必難生好感，而定讀性卽無由發生。是以歐西各報，對於排列及組版均極注意。玆就西報所根據之幾種基本原則，略述之以資借鏡。

（一）對照　對照足使紙面調和，而增進動人之效能。玆就美報言之，其標題之長短，字體之大小，以及每欄地位之寬狹，交互錯縱，均有一定之對照法，以免去紙面上單調之弊。美報通例，每面八欄，長標題之重要記事皆排於第一面之上部，中間夾入次要之短標題記事，卽以第一面之一二及七八各欄之上部爲記事之重要地位。而三四或五六各欄之上部插繪畫。於繪畫之下，加入短標題記事。亦有插大繪畫於三四五六諸欄之上，將短標題記事排於大繪畫兩旁而置長標題記事於繪畫之下者。總之一二諸欄之標題，多與七八兩欄之標題相權衡，而成對照。

（二）勻稱　每種標題之間，其距離均有一定，以使整齊勻稱。其次長標題記事與短標題之記事，排列時亦有相當秩序，無畸重畸輕之弊。如美報之第一面卽所謂社會部記事，大抵於該面之右上部插二欄乃至數欄之繪畫。次爲二欄或三欄之長標題記事。而第二長標題記事則排入第二欄以下之左方。同等之長標題記事達三件以上時，則第一件置右方之上欄，第二件置中央第三欄之下，第三件置左方第四或第五欄之下。有時於四五兩欄左邊插入繪畫，而第三件長標題記事則置六七兩欄之右。卽長標題記事與短標題記事，一二欄相間排入。如是則上中下各長標題記事，均得勻稱之位置矣。

此外繪畫照相之插入，以及富有藝術性之廣告排列於新聞記事之中，均足以增加紙面上之美觀與興味。且又足以救濟材料缺乏之時之需要也。

（一）新聞材料之位置　任何新聞紙通常均以其第一面爲最重要，而載最重要之新聞。美報以第一面爲記事之重心。但英報則以第一面爲廣告。吾國新聞紙多倣英式。此中差別，亦各具理由。以廣告揭載於第一面，一方面可得廣告者之歡心，一方面如遇雨天或誤置泥塗之中，仍可保全其新聞使勿損壞。彼集中重要記事於第一面者，則如當門設肆，直接入目，亦大可以促進讀者購買之決心。要之無論取式如何，所有應載之材料，及揭載之位置，總必與羣衆心理相合，而兼具藝術性。且形式既定，當守一定之方位，則長期之讀者，欲讀某面某欄之記事，便可一翻即得，無須費時檢尋矣。

（二）紙面經濟之研究　所謂紙面經濟，卽因欄數及行數之多寡，活字之大小，而冀於有限之篇幅中，收容多量材料之謂也。吾國新聞紙對此向不注意，累累十數面之紙張，因排列不得其法，致所收材料反不逮日本新聞紙八面所容之多。值此紙貴工昂之時，對於此道，似應急急研究之也。

（三）次序單之製作　排列之次序，由主任編輯及編輯員負其責任。大抵於付印之先，預備一次序單。此種次序單之形式不一，有用活頁簿册者，有列記於片紙上者。凡所有原稿本文及標題所佔之行數活字之大小等，悉數記入單中。如插入照相版及木版，則按其面積計算行數。設在計算行數之際，臨時發生重要事件，而篇幅不容，則當設法將不甚重要之材料削去，以讓此重要新聞之登入。反之如屆付印之時，而材料不足所有之行數，則亦當速謀補足之策。歐美著名記者，當此窘急之際，常能臨時將新聞中之普通材料，加以改造，而成一有趣味之記事，以充篇幅。行數確定，稿已發齊，主任編輯乃審核各稿，一一判定其揭載之順序。此次序之排列，爲編輯者最費苦心之處，一不謹愼，則輕重倒置，記事之價値及效力因以減少，或至完全喪失。故主編者必有深遠之眼光，方能鑒別新聞之價値，而與以適當之地位。

（四）新聞紙之發刊　新聞紙在同一時間印成而發售各地，謂之發刊。平常週報每星期發刊一次，卽包括其所有銷售之總數。在小城市中之日報，平常亦每日發刊一次。在美國大城市中日報之發刊，每日有從三次多至十次者，此種發刊次數之多寡，全視其新聞紙之重要與否，以及其傾銷之區域如何而定。

由新聞紙之發刊而分別其種類，在美國計有常刊，特別刊，與緊急刊三種。常刊乃每日依普通情形按一定時間發刊者。特別刊則反乎常律，專載當時發生之特殊事件者，如時裝展覽，汽車展覽，地方上新事業等等。緊急刊乃補充常刊所未及登載之事件，或於常刊內所載之新聞有所更正。在吾國通常僅有朝刊與夕刊兩種，在緊急時期中則亦偶發號外。

發刊次數之增加，對新聞紙各部自有莫大之利益。於其營業部也，可增加其收入，而足爲廣告之招徠。於其新聞行政各部也，可使其有補充新聞材材及增進內容之機會，以使紙面之美觀與效能益加明顯。於其編輯也，可使有重易標題修改記事及更正各種謬誤之時間，以使內容益美滿而充實。至於其讀者也，對初次與再次發刊之新聞紙雖無大分別，然在其購買時，當亦願購得其最近所發刊者也。歐美各國教育普及，讀報者遍及全國，是以著名之新聞紙，日發數次，乃其常事。在吾國則一因有讀報之能力者太少，再因一般社會之購買力太低，故新聞紙之銷路，去歐美遠甚。卽以最大銷數之新聞報申報而言，每日至多亦不過十五萬份。其他內地各報，更不能與之比擬矣。

新聞紙之銷路，直接固不能與新聞社以若何之利益，蓋以數枚銅元之代價，何能抵其印刷發行之成本；但以銷路一廣，卽可爲廣告之招徠，間接實與新聞社以重大之收入。是以無論如何，新聞社爲謀自身之發展，不能不努力於推廣新聞紙之銷路也。至欲推廣銷路，要不外擴充其新聞材料，務使對各種讀者，俱能引起其相當之興趣，而爲廣告者闢市場，則廣告之來源自多，而新聞社之發展，卽可操左劵矣。

新聞紙傾銷之方法甚多，此處僅述其有關於廣告者，蓋有二種。卽沿街販賣與散讀者，與送至家庭中之定期讀者。此二種與廣告者之關係，前者似無所取，因沿街購買之讀者，對於廣告多不甚注意，彼等所欲知者，乃當日動人之大事，對於其他小說雜俎，亦僅一過目而已。至廣告則多無暇閱及，是以此等讀者，並不能與登廣告者以若何利益。於登廣告者最有利益者，惟家庭中之定期讀者而又以婦女爲甚。因此等讀者較有餘暇，可以從容瀏覽廣告，流覽旣久，則不知不覺中，遂引起其購買之趣興，是爲廣告者所最歡迎。此種銷路名爲實質的。常見有種新聞紙其銷路並不甚廣，而其本身之發達，並不以此減色，蓋卽握有實質的銷路也。

總之新聞紙欲謀銷路之發達，使其發刊次數之加增，務須應用敏捷之方法，多多採集各種有興味之新聞，使能引起各種讀者之讀慾，而爭向購買，則新聞紙自因之而暢銷，而發刊當有應接不

暇之勢矣

第七章　新聞紙之插圖

圖畫者，無音之新聞也。新聞紙文字未必盡人能閱，而圖畫則一目了然。精神之描寫有時非文字所能傳，亦必借力於圖畫。且美術爲人生天然之愛好，以是新聞紙常有畫圖照相之插入以迎合讀者。蓋新聞紙若連篇累牘，盡載呆板文字，必致詞語枯燥，興味索然，讀之足使人厭倦。若使稍加插圖，不惟可使紙面調和，且足爲新聞之註解，而使讀者增加無限趣味。吾國新聞紙對於插圖尙少注意，歐美各報對於此點則甚重視，且有相當之研究焉。

插圖之種類　就插圖本身言，計可分爲下列幾種，半身像片，諷刺畫，滑稽畫，各種製版之印刷，用以表示婦女服裝，與各類用品者，以及自動速印相片等。凡諷刺畫滑稽畫製版等之插圖，皆簡單易明，可代文字之功用。故圖畫在近代歐美新聞紙中用處極廣，幾已等於第一等新聞矣。

插圖之新聞價值　舊時編輯，俱以爲插圖之價值，遠不如文字記載，因而絕對主張不以插圖代文字。其後雖漸知插圖之重要，但亦僅以藝術眼光觀之，而並不以其爲有替代新聞之價值也。至於照相之刊登，則僅限於一般顯貴要人，平民則殊不易取得此資格也。及至今日，時代遷移，情勢迴異，編輯者對於動人之插圖，均視若至寶，以爲遠勝文字之說明。凡可用插圖之處，莫不盡量用之，或地圖，或圖畫，或圖表，或照片，皆視之無殊於重要新聞，其價值自可想見。玆姑舉數例，以示插圖之功用。

（一）全國新總統或新主席之被選，是爲全國最所注意之事，是時新聞紙若即將被選之總統，或主席之相片揭諸報端，其增加閱者之興味，必倍蓰於洋洋大篇之說明。

（二）新近報紙有載德皇威廉第二之孫娶一平民爲妻之新聞。此事以普通人情衡之，自爲衆所注目之事，而在其本國當爲尤甚。關於此事新聞紙記載甚多，然欲經久不忘，則殊非易易。倘有立時以二人結婚相片刊入記事中者，其新聞之趣味，即倍覺濃厚。此無他，蓋讀者不惟知事實之詳情，且又得事實之證明。是乃新聞之眞正價值，見之於插圖者也。

（三）最近宋子文部長由美返國，上海舉埠歡迎，各報備載盛況。但此種記載，千篇一律，無非記載宴會之盛而已。有幾種大報，則於記事中，復刊入宋氏相片，幷各團體歡迎席上之情形，於是令讀者如親宋氏丰采，如覩觥籌交錯，主賓歡宴之盛，即新聞之紀載不甚長，亦已興味盎然矣。富有生氣之相片　新聞紙所需要之相片，乃具有生氣之相片，彼尋常排部就班之呆滯畫像則非其所取也。所謂有生氣者，如當日新聞中重要人物談笑風生時之攝影。舉例言之，上述宋氏回國之新聞中，倘將宋氏上岸時，或與客接談正有興味時之小影列入，乃覺生氣勃然矣。至於各種活動情形之相片，如災況或盜竊之刦後餘影，各種宴會娛樂之相片，如游藝會茶話會等攝影，以及具有眞正藝術價值之相片等，均爲新聞所需要者。

此種相片乃人類或其活動之成績，故皆富有生氣，刊入報端，足爲新聞生色不少。歐美各大報如遇重要新聞，相片常由電報傳印，其法巧妙迅速，立時可遍及各處。

圖畫或相片之搜集　新聞紙之獲得各種畫片材料，其途甚多，試列舉如下：

（一）由訪員及通信員所搜集之畫片，爲其記事中所用者。

（二）由新聞社之畫師或攝影師所預備者。

（三）由私人寄來相片，可供新聞材料者。

（四）由受僱之照相師所攝得者。

（五）由專供世界新聞畫片之攝影社購買而得者。

以上所舉專指各大新聞社而言若在規模狹小之新聞社，其來源自無若此之多而其用畫片之處亦較少。

相片之選擇　選擇相片殊無一定標凖，惟有數問題，可供編輯者之參考，姑爲述之如左：

（一）相片到手，試分析其爲特殊相片，抑新聞相片。如可留爲一二月後之需者，則爲特殊相片。如僅合當時之用者，則爲新聞相片。編輯者之取舍，卽可依此爲標凖。

（二）無論其爲特殊相片，或新聞相片，當審查其所具價値若何。如屬新聞相片，當視其是否屬非常事件。其相片或爲人體，或爲面形，或爲暴動之羣衆，或爲諷刺之漫畫，或爲勇士失敗之情形，或爲災害刼後之殘影，不論其表示動作，或具有動作之現象，要視其是否有動人興味之意義，是否比文字之說明更具效能，是否能表示事實之眞相。若屬特殊相片，當察其是否美觀，是否新奇，是否含有意味，是否難得可貴。經過上面種種審察之後，始可定其能用與否。

（三）審察相片之性質是否過具刺激性，如被殺與自縊之屍身，以及其他恐怖不合常情之相片，均以不登爲上。又如私造之錢幣，郵票，奬券等，亦應勿予登載。再則有傷風化，不合社會倫理之相片，尤絕不宜宣示公衆。

（四）審察相片之內容是否陳腐無意義，例如愚庸無能之羣衆相片，登載之適足以損篇幅。又如舊式結婚相片，舊時私塾讀書情形相片，皆屬過去事物，對現時公衆不能再具興趣，則登載之亦無利益。此中取舍，皆甚明顯。

（五）最後當精細審察相片在印刷上是否可能，倘相片模糊不清，即難翻印，或面積過巨，限於篇幅，亦必發生問題。若遇此種情形，縱其相片具有若何價值，而在事實上難於印刷，亦祇能棄置不用矣。

總之，新聞紙之插圖，在今日已與新聞具同等價值。吾人應如何進而研究之，以使其完美發達，而爲新聞紙之良助，是在有志新聞學者之努力與決心焉。

第八章　新聞紙之廣告

廣告爲新聞社收入最大之源泉，新聞紙之生命幾全賴之以維持。故新聞紙爲自身利益計，實有謀其廣告發達之必要。且新聞紙之職務，在服務公衆，而廣告之功用，一則爲發達商業，再則爲便利人事，均有益社會者也。試言發達商業，蓋廣告爲商業上有力媒介，新出貨品之出售，各處商號之削價，某種物品之優點，均由此而傳達於全社會，因而引起世人購物之心，商業卽由是而推廣發達。再言便於人事，則廣告實爲人事之有力傳達者。夫世途遼闊，人事紛紜，欲求所需者自然遇合，蓋爲人世所難能。若者人浮於事，若者事浮於人，常相求而相左，例如某大商店欲請經理而不得其人，是事浮於人也。亦有抱經理之幹才，而欲担任其職而不可得，是則人浮於事也。若欲二者各如其願以償，則莫善於新聞紙上各登廣告，使彼此得有機會可互相接洽，以終抵於成。故新聞紙爲發達商業計，爲便利人事計，均有謀發達廣告之必要也。發達廣告之法，最要者有二，卽樹立廣告之信用，與研究廣告之編製是也。

第一節　廣告之信用

廣告之發達，有賴新聞紙之銷路，此在求登廣告者方面所應知之事實也。然在新聞社方面，收登廣告，亦有限制。若果內容確實，無關風化，自可取相當代價而登載之。設廣告具詐騙之性質，或文字含有傷風化之詞句，則雖出重金，亦當拒而不納。蓋廣告之信用，亦卽新聞紙本身之信用。廣告有欺人之事，新聞紙若爲之揭載，是卽新聞紙欺人矣，其貽害社會豈有窮極乎。

歐美各國對於廣告之性質檢查極嚴，我國新聞紙，則以廣告尙少，故刊登亦無嚴格之限制。據分析廣告者言，現時之廣告，可分爲（甲）商務廣告；商事，商品，金融，物價，機器，醫藥，奢侈品等屬之，（乙）社會廣告；集會，聲辯，法律，招尋，慈善，遊戲，賭博等屬之。（丙）文化廣告；教育，書籍等屬之。（丁）交通廣告；輪船，火車，郵電等屬之。（戊）雜項；不能按上述各類分列者屬之。

現時各報館之收入，多恃此等廣告之所獲。惟今之大廣告主，多屬外商。國貨廣告特少。而奢侈品及藥品廣告又多含引誘性及不忠實處，此實急應糾正，以樹立廣告之信用者也。

第二節　廣告之編製

廣告在今日已成爲專門技術，必精於斯道者方能勝任愉快，而能謀其發達。夫商人之目的在於營利，使廣告之刊登，能令其商業興盛，獲得厚利，則必不惜重資而登之。惟吾國新聞紙所登廣告，向多由登廣告之商家或私人自擬，是輩徒知張皇其詞，而於讀者之心理未加措意，是以其廣告之效力殊不多見。因是多有不願登者，以爲廣告者不過一種奢侈品而已。故欲勸誘國人刊登廣告，最好由廣告部代爲設計，代爲編製，務使能引起閱者興趣，而使之不忘。則廣告之效力見，而人自樂於刊登矣。

編製廣告欲求其令人悅目，而動購買之心，其第一條件，卽編者必須有豐富之商業智識，對於貨物性質能熟悉，下筆爲文，能知如何記述，方能顯示其貨物之優點。至在廣告寫作方面，其成功之祕訣，端在删繁就簡，精巧動人。蓋新聞紙之篇幅有限，而廣告之地位又貴，是以必須出之以簡要之筆，使繁瑣之事物，盡量容納於短少篇幅之間，始有利於登者。此惟老練之新聞記者，能知如何處置，是以編製廣告，亦推彼輩爲能手。

夫廣告之能使人注意，其成功並不在張皇招搖，而在合於法度。若妄自誇大，喋喋滿幅，雖刊極大之字，亦無益也。廣告之要素爲趣味與信實，非徒炫耀其詞，以驚人也。出售貨物之廣告，不能僅謂出售某種貨物而已，必須將此種貨物之優點，用簡明平易之文，一一敍出，而使人易讀，又必須使其敍述之文字，信實而有趣味，則閱之者自易動購買之心。能如此，貨物與顧客，乃兩得其利益，而廣告之成功亦即在此矣。

廣告爲商業新聞之一種，其目的非供讀者之消遣娛樂，或使之驚異，不過報告讀者以某種貨物之待售，以使其注意而已。其所記述，初與新聞記事無異。美國舊時廣告與新聞紙上各種記載毫無分別，其印刷之格式同，其內容之記述同，蓋皆爲一種有趣味之報告也。今日最完美之廣告，仍本斯旨實行。不過印刷方面，爲引人注目，稍有改變而已。

廣告必須含有趣味，前已述及。故編製廣告之第二條件，即編者必須認明人類之心理，人類皆有利己自私之欲望。編製廣告當知顧客之心理，即在謀其個人利益之獲得，於是必以能打動其心坎爲主。彼無經驗之商人，徒知急於出售其貨物，對與廣告不知研究，其所記述往往毫不顧及顧客之心理，惟一己之利益是求，其結果未有不失敗者。夫顧客之心理，惟在價廉物美，能購得其合用之物，商人之成敗，與之無涉。是以具廣告技術之人，必不以有限之篇幅，浪費於無謂之詞，如中國商人所登廣告，常喜用「犧牲血本」「忍痛犧牲」等等無謂之詞。其實此種廣告，讀者徒厭其喋喋，未必能因憐憫商人，而引起其購買之心也。故具有效能之廣告，在能以藝術之筆墨，直接告以貨物之如何優美，價目之如何便宜，購者可得如何利益等等，若此始能迎合顧客自私之心理，而促進其購買貨物之意也。

如何揣摩顧客心理，編者能以己意度之即得。蓋人同此心，心同此理，普通人類，其心理上未必有若何差異。我之所好者，亦必爲人之所好。我之所惡者，亦必爲人之所惡。編製廣告即按此好惡之情理，而能直接迎合其所好，去其所惡而已。惟欺騙招搖之廣告，自當絕對禁止，此固無庸贅述者也。

每種廣告必須有一定之目標，若某項貨物售與某種顧客，編者心目中須有明白之了解，然後以動人之筆，歷述其貨物之優點，與買者之利益，一如店夥之語顧客，原原本本，動其聽聞。現今商人之登廣告，洋洋滿紙，僅爲充塞篇幅，徒滋人厭，難得實效，卽無一定目標之故也。又廣告當求其令人不忘，始具效力。讀報之人，瀏覽匆匆，對於昨日所見之廣告，今日或已不能記憶，故廣告之刊登，必須堅持繼續，方能使人不忘。惟廣告之形式，若積久不變，千日一律，又必滋讀者厭倦。是以又宜常時更易其文字或形式。但其內容當有相同之點，使人能認識其爲一事也。

第三節　廣告之招徠

新聞紙賴廣告之信用以推廣其銷路，間接卽足以爲廣告之招徠。蓋登廣告者多覓登銷路最廣之新聞紙，以求效力廣大也。是以廣告本身之信用，卽爲招徠廣告之一道。其次爲廣告編製之得法。設新聞社有專門編撰廣告之人材，能代商人編得當之廣告，並爲設計指導，使其廣告具絕大之效力，則廣告之發展，自可操左劵。此外如上海各報所用之各種勸登廣告方法，亦殊有可採。一卽申報及時事新報所曾舉行之商標競賽會。一方爲鼓勵商業信用，一方卽足誘人刊登廣告。一如前民國日報得政府之保障宣示其廣告在法庭或官廳上有特殊之效力，則登廣告者亦必增多。惟此須與政府有特殊關係者始能辦到耳。平常廣告之來源，大都可分三種。一爲新聞社廣告員所招攬者，一爲廣告主直接送登者，一爲廣告掮客或廣告社所介紹者。我國今日商業尚未發達，營業競爭非甚劇烈，故商人對廣告之價值，尚未盡知。即報館執役廣告者，亦多未能盡知廣告能事，與引起讀者與登廣告者注意之方法，致廣告事業，尚未能與歐美各國並駕齊驅，以增加新聞紙之收入。此實賴有志新聞學者之力加研究與提倡焉。

第四節　廣告之違禁

廣告對於社會之關係既深且鉅，其影響所及，亦不在新聞之下。倘有宣傳誨淫書籍，售賣假藥，假託招考職員騙收保證金等，均屬貽害社會，當道每有取締之者，故各報廣告章程中，均有載「收登廣告以宗旨正當，不越法律爲限。其有礙風化及他人名譽或跡近欺騙者概難照登」之詞。惜實際上此種廣告，仍多充塞篇幅，所謂不予刊登者，徒成具文，此實急應努力改革者也。

附上海特別市取締報紙違禁廣告規則

第一條　凡在本特別市內發行報紙及登載廣告於報紙者，對於本規則均應遵守之。

第二條　左列各項廣告報紙不得爲之刊載。

（一）宣傳誨淫書畫有傷風化者。

（二）宣傳藥物言過其實跡近欺騙者。

（三）刊登猥褻圖畫刺激青年視覺者。

（四）誘惑欺騙希圖詐收財物者。

（五）激烈危險有妨秩序安甯者。

（六）其他經主管官署通知禁登者。

第三條　報紙刊載宣傳淫猥藥物廣告者，依照本市取締淫猥藥物宣傳品暫行規則辦理。

第四條　報館對於廣告認爲爲有涉本規則第二條第一款至第五款之嫌疑者，應令送登廣告人先送經社會局核准後方得登載，如認爲有涉同條第四款之嫌疑者，得令送登廣告人覓具妥實保證後登載之。

第五條　廣告一經刊載卽由報館負責。如查有觸犯本規則第二條各款之一者，勒令停登，如仍違令登載，按照違禁法第三十三條處十五元以下之罰金，或十五日以下之拘留。如屢犯不悛，得依照違警法第十八條勒令歇業。

第六條　本規則自特別市政府公布之日施行。

第九章　關於新聞紙之法律知識

新聞紙之言論與出版在法律上俱有相當之限制，從事新聞事業者，對於此等法律，苟無相當之認識，常易惹起無謂糾紛，是不可不注意及之也。玆將其值接有關言論出版之法律，分別述其梗概。

第一節　誹謗在刑法上之規定

誹謗在法律上足以構成一種罪名。因誹謗者，乃使他人之名譽受損害爲目的，而指摘或傳述其醜行以達於公衆也，亦卽對於人格加以列舉事實之侵害也。蓋人之名譽有維持其人格之價値，一經受人誹謗，卽有墮落其人格上地位之虞，故刑法上特設處罰之專條。依刑法之規定分爲單純誹謗罪，及加重誹謗罪兩種。

（一）單純誹謗罪　單純誹謗罪者，犯誹謗罪而無加重之情形也。據刑法第三百二十五條第一項云，意圖散布於衆而指摘或傳述，足以損毀他人名譽之事者爲誹謗罪。處六月以下有期徒刑拘役或五百元以下罰金。但搆成此罪之特別要件有五：（1）要以意圖散布於衆爲目的。所謂意圖散布於衆者，欲使公衆得知其事爲唯一之目的也。（2）要有足損毀他人名譽之可能。所謂足以損毀他人名譽之可能者，使社會上因而認其被害人名譽低落之謂也。（3）要以言語指摘或傳述手段。所謂指摘者卽提供或揭出也。所謂傳述者轉述於他人也。（4）要對於所指摘或傳述之事自信爲眞實者，卽於其事雖不能有確實之憑證，而自己信爲不虛也。（5）要其事係涉於私德，且不能證明爲眞實者。所謂涉於私德者，其指摘或傳述之意思，純以損毀其私人之名譽爲目的，於公衆利益毫無關係也。

誹謗原不過爲一種辱罵之詞，惟其現於紙上，法律卽對之有嚴重之處置。平常對口辱罵，法律未加若何之干涉也。左例之加重誹謗罪，益足以顯示文字誹謗之重罪。

（二）加重誹謗罪　加重誹謗罪者，因其所施用之手段及犯意不同而加重其刑罰也。亦分爲兩項述之。

（甲）以文字圖畫爲誹謗之手段者，依刑罪第三百二十五條第二項云：散布文字圖畫犯前項之罪者，處一年以下有期徒刑拘役或一千元以下罰金。此因以文字圖畫爲手段，較以言語爲手段者，易於傳播。且其時間亦較爲久遠，不能不加重其刑罰。其構成之特別要件與單純誹謗罪相同。惟其手段易言語爲文字圖畫耳。至文字之意義，不以中國文字爲限，凡足以表示其所述之事者皆屬之。圖畫亦以足以表示其意義者爲限。

（乙）以明知爲虛僞之事誹謗人者　依刑法第三百二十八條之明知爲虛僞之事，而指摘或傳述犯誹謗罪者。加重本刑三分之一。

（丙）以明知爲虛僞之事誹謗已死之人者　依刑法第三百二十九條第二項云，對於已死之人明知爲虛僞之事，而指摘或傳述犯誹謗罪者，處一年以下有期徒刑拘役或一千元以下之罰金。

以上不過略示法律上所規定關於誹謗之情形。從事新聞事業者，讀此當知新聞紙之記載，應如何細心選擇，如何謹愼調査，方免引起法律糾紛。

言論之在我國，素多限制，上述乃其正當者，自爲從事新聞事業者所當遵守。若公正無私之輿論，光明正大之評議，正爲新聞紙所當倡導者，則不應以有何限制，而畏首畏尾，噤若寒蟬。故爲新聞記者尤當以大無畏之精神，與惡勢力反抗也。

第二節　新聞紙之特殊權利

新聞紙有三種特殊權利。（一）對於公務人員及其行政方針，得發表其正確之意見以爲之註解。（二）對於立法司法機關之各項會議審判，得作爲報告，以布示公衆。（三）對於文學藝術之作品，得表示其批評之意見。此種權利卽新聞紙權威之所在，惟在非法社會，方受無理之干涉耳。

關於法院之判決等，如未經法院允可，不宜任意登載。又若一般消息之報告中，不應含有褻瀆下流之詞，否則不受法律保護。又如關於離婚案件，其報告必須公平正確，絕不應參加私人意見，凡此皆新聞記者所當注意者也。

新聞記者若在其記事中，以己意揣度而敍述證人憑據之不確，或法官判斷之不公，或以己意而下判斷，皆有被人控告之可能。雖新聞記者可以己之口吻撮述事實之大要，然不能與事實不符也。

新聞紙對於文學藝術之批評，則絕對受法律保護，例如作書評祇須證據確鑿，而不涉及作者個人品性，則雖攻擊其書至體無完膚，亦不犯誹謗之罪也。設書評中有指摘作者之品性，而致損其名譽，是則法律未賦與此權利，例如言作者說謊，言其意在斂錢等，皆可謂爲誹謗也。對於其他藝術作品如音樂戲劇等之批評，亦同受此限制。

此外尤須注意者，卽未經公開之藝術，如家庭演劇，個人圖畫展覽，新聞紙對此無嚴格批評之權，以其無關公衆利益也。

又關於公務人員資格之批評亦然，祇能在其正式選出，或正式委派之後，新聞紙始可發批評之議論。若僅屬候補時期，新聞紙不應有公開之議論。

凡此種種，雖在事實上法律並未實行其保障之義務，然要爲從事新聞業者所應知之事實也。

新聞紙之自衞方法　在誹謗案件中，新聞紙之自衞方法，祇有下列三種答辯，可爲有效。（一）所控訴之事並無侮辱，或損失名譽者。（二）確爲昭昭之事實者。（三）賦有特權者。新聞記者若於此三者之中，一無把握，卽不應貿然揭諸報端。

嚴格方面言之，誹謗文字之公布報端，凡與此報有關之人，自主筆編輯訪員以至印刷校對販賣人員，皆應負其責任。但實際上惟出版者負其全責，卽主持新聞紙之人負責担保一切也。

新聞紙之責任又不僅限於新聞或論說之文字，卽廣告上之文字如有帶誹謗之性質，亦應留心不予刊登，否則在對方起訴時，亦必同受牽累也。此在前章廣告違禁一節已曾述及，茲亦毋須多贅矣。

第三節　版權法

版權法之於新聞紙，似不如於書籍之重要，不過新聞紙之編輯部亦時有關版權問題之發生，而覺有研究版權法之必要。例如對於引用有版權之書籍或詩歌，引用何部分，而無危險。又引用與剽竊之眞正界限何在？又在何種情形之下新聞紙可以有權轉載他報所刊登之新聞或論說？凡此種種，皆爲新聞記者與主持新聞事業之人，所欲求解答者也。

吾人首先應知者，卽任何作品在其出版與獲得版權之前，普通法律卽與此作者以財產權，蓋作品亦其財產之一部也。作者在送其稿件與編輯者時，卽已明知其稿若被錄登，卽有相當之酬報如編者爲之易以他人之名而登載，或以其他方法錄用其稿件，卽當受法律之制裁，而對之有所處罰。此種掠剽未出版作品之行爲，正與剽掠其他財產同。而法律對此種作品之保護，亦正如保護其私人家具，不能隨便任人劫用也。

不過普通法律之保護僅止於此。作品出版以後，作者仍欲享受此種保障，則必須獲有出版權，否則作者在其作品公布以後，其所有權卽屬諸公衆，此在版權法中可以見及。不過此中轉移亦自有其相當條件而已。作品旣屬公衆，則翻印轉賣，可任人所欲爲，其作者無權過問也。

如作者出版一書，係分期絡續刊出，對於版權法中所載之手續，未嘗履行，則作者卽自拋棄其書之所有權。如作者所印之書，其前半係絡續刊登，未嘗載有版權，後半始注明版權所有，則此書之前半卽可任人翻印而無從禁止也。新聞紙與雜誌亦可享有版權，一如書籍，惟必須每次每期註明耳。任何出版物，若非毫無價值，皆可享受版權法之保護。惟按我國著作權法施行細則第一條，有下列情形之一者，不得呈請註册。（一）未經註册而已通行二十年者。（二）著作人自願任人翻印倣製者。

翻譯作品亦可註册享有版權，惟不能禁止他人同翻此原文。按（十七年五月十四日）國民政府所公布之著作權法第十條所規定：「從一種文字著作以他種文字翻譯成書者，得享有著作權二十年，但不得禁止他人就原著另譯。其譯文無甚差別者，不在此限。」

再依著作權法，著作物呈請註册者，應備樣本六份。依著作物呈請註册程式，具呈呈送內政部。其有不能具備樣本，如照片，雕刻模型，及其他關於文藝學術或美術之著作物者，得以著作物詳細說明書，或圖畫代替之。凡已註册之著作物，應於其末幅標明某年某月某日經內政部註册字樣並註明執照號數。

著作物一經註册，卽歸作者終身享有。卽作者故後，其承繼人亦得繼續享有三十年。苟有侵害者，如翻印，倣製，或抄襲等，其權利人得依法提起訴訟。所謂侵害卽包含抄襲有著作權之作品，不論爲全部或主要部份。若作者初未知有此著作，而全以己之精力工作產生，偶有相同之作品，則不得謂之侵害。不合法之抄襲翻印著作權，未包含學說及意見等。且在相當範圍內，任何作者可採取其書中之內容。惟超過如何限度將謂侵害，此實頗難確定。總之，剽竊問題之起，乃在書中重要部分之被竊取，編輯者自能明察之也。

但若翻印一有著作權之詩，或翻製一有著作權之照片，則顯然爲侵害無疑也。若採取書中之一段文字或畫册中之一張畫圖，則不能判定卽爲剽竊。此全在權利人之如何能證明其所受之損失，始能定其爲侵害與否。

故作書評者，任意引用書中現成文字，而不得謂爲剽竊。著作者引用他人書中之精華，以爲註解，法庭亦不絕對限制。以其於原書不但無損，且反可爲之宣揚也。故出版家對於新聞紙之引用書中文字作美意之解釋者，反多歡迎之不暇也。

又若此著作者引用他著作者之作品，而目的在使其自己之假設更爲有力，亦可受同樣之准許。惟其界限不如對作書評者之寬耳。總之侵害之嫌，在視對於原書販賣時之損失若何，苟非將原書之價值埋沒，則雖在報紙雜誌或書中引用刊登，不得爲罪。若意在埋沒原書而代之以己書，則不論其以何形式印刷，皆爲侵害也。

法律爲鼓勵學術，對於有著作權書，固亦任人以公正之採用，但同時不願作者不費勞力，而任意竊取他人辛勤所得之果，故剽竊他人之作品而任意翻印，其出版者與印刷者卽當同負責任。

按關於侵害著作權之罰則，著作權法第三十三條規定如下：「翻印仿製及以其他方法侵害他人之著作權者，處五百元以下五十元以上之罰金。其知情代爲出售者亦同。」若著作權之侵害，由法院審明並非有心假冒，得免處罰，但須將被告所已得之利益償還原告（三十二條）。

但法律之干涉，祇在抄本或翻印本有損害原書出售之時，平常新聞紙所發生之著作權問題，比較易於解決。祇須其引用原文之時，出之以公正之解釋，則於著作權上不至發生若何糾紛。惟爲謹愼及禮貌起見，則最好在引用之先，徵求原作者之同意耳。

第四節　其他有關新聞紙之法律

（一）戒嚴法　民國十五年七月二十九日公布

無論何國，在軍事時期內對於輿論之限制，皆甚嚴厲，而吾國則以軍人弄權，對於戒嚴法，更往往濫加援引新聞紙之遭其蹂躪者，不知凡幾。茲摘錄其直接有關新聞紙者如下：

第九條　戒嚴地域內司令官有執行左列各款事件之權，因其執行所生之損害，不得請求賠償。

一　取締認爲與軍機有妨害之集會，結社，罷工，罷市或新聞，雜誌，圖書各種印刷品。

二　拆閱郵信電報。

此外如民國三年所公布之治安警察法，亦對新聞紙或雜誌等類，與以多方限制。且在軍人跋扈時代，此種法律又可任意引用，隨便解釋，言論之受摧殘，與新聞事業人員之遭壓迫，自有不堪設想者。此法近幸取消，新聞紙亦得解脫一重羈扼矣。

最近行政院又有保護新聞事業人員之通令，使軍政機關不得任意摧殘，此誠可爲新聞界之福音也。事見二十二年九月一日晨報，茲錄其原文如下：

【中央一日南京電】「行政院為保護新聞事業人員、一日訓令內政軍政兩部、略謂准國府文官處函、准中執會秘書處函、據蘇省執委會呈、請國府通令各級政府各軍隊、切實保護新聞事業人員等情、奉批交國府接辦等由、奉主席諭交行政院等因、查人民非依法律、不得逮捕拘禁審問處罰、與人民有討論著作之自由、非依法律不能限制、訓政時期約法第八第十五各條明白規定、該省黨部以各地政府對新聞人員不知愛護、甚且有任意摧殘情事、請通令保護、尙屬可行、應由內政部通令各省市政府、軍政部通令各軍隊及軍事機關、對新聞事業人員應切實保護等語。」

此外如新聞營業之管理，印刷物之限制，則或有專律或有法令，以多關營業方面，在此不盡加紀述。

第十章　新聞社與通信社

第一節　新聞社之組織

（一）概論

無論大小新聞社，必有其幾部分工合作之活動力。例如新聞材料之採集，必須有人管理其事，社論之撰述，又必有人發表意見，以代表新聞之靈魂，此卽編輯部之雛型也。此外則挽攬廣告之有人而爲廣告部之發紉新聞與廣告必須經過排版，又必須經過印刷，於是而有機械部之組織。印刷旣竟，如何使達閱者之手，是又須發行部爲之負責販賣。

廣告販賣之收入，一切雜項之支出，又必須登記保存，以備查考。是則會計部之設，又不可少。又此各部雖各分理其事，然必有人總攬全權，可以督促各部之工作進行，此則總經理之責也。新聞紙有此各部，始可謂規模粗具矣。

近代新聞紙日益發達，新聞社之組織，亦日形複雜。然其重要部分，仍不外編輯營業印刷三大部，不過規模小者，常以一人而兼理數職，規模大者，則分部別門，各有專員外，更添設各種補助及旁系機關而已。茲舉歐美新聞社之組織，以示梗概。

歐美新聞社編輯部之組織，大抵分作二門（一）新聞門（二）社論門，前者專以採編各種新聞為目的，後者則以解釋時事，著成議論為目的；兩部各設一長，下更設若干小部，如通信部，調查部，外報部，寫真繪圖等部是也。我國新聞社之組織，頗多與歐美相似，不過具體而微，規模較小而已。

營業部內計分三門：（一）廣告門，專門出售廣告，招徠廣告，計畫廣告，編擬廣告等事宜，（二）發行門，司理新聞紙之送發，零售，預訂等事，（三）會計門，司理銀錢出納及購買貨物等事。

營業部唯一之目的，在發展新聞社之利益。新聞事業，亦為營利事業之一種，前已述及之，故營業部必須竭全力，闢銷路，招廣告，以謀社務之發達。

印刷部中常分三門，（一）排字房，（二）鑄版房，（三）印刷房，其中設有主任，指揮技手，運轉機械，排列活字合組成版，校對無誤，而後送入鑄版室，亦由其中主任指揮工員照組成之版，作爲紙模，再以紙模鑄成鉛版交印刷房。最後乃以數層至數十層之輪轉印刷機械，迅速轉動而後乃有驚人之新聞紙產量。歐美新聞社組織完備，設備周全，其摺疊遞送，又均由機器，其速度極可驚人。

（二）我國報館之組織

我國報館之組織，以申報及新聞報較爲完備。其組織系統，大都設一總理或董事會以總其成。其下復分編輯，營業，印刷三大部。總理或董事長之下，設有各部部長，各部部長之下有各科主任，主任之下爲各辦事人員。就大體言之，與歐美各國初無大異。惟以各報事務有繁簡，則設科用人，或有多寡之殊耳。茲將黃天鵬氏所著中國新聞事業中所載申報館之組織系統及新聞報最近所自編印之概況報告之一部份，分錄如左。舉一反三，大致皆可由此類推也。

（一）申報館組織大綱

- 稽核
- 文書

- 編輯部
  - 電報
    - 各省電報
    - 通信社電報
  - 外埠緊要新聞
  - 地方新聞
  - 本埠緊要新聞
  - 本埠社會新聞
  - 教育（另關體育欄）
  - 商業
  - 文藝
  - 本埠附刊各組
- 廣告科
  - 普通
  - 西商

- 總管理處
  - 營業部
    - 附刊
    - 發行科
      - 外埠批發
      - 本埠批發
      - 直接定戶
      - 門市
    - 會計科
      - 收入
      - 支出
    - 庶務科
      - 管理紙張油墨
      - 採辦貨物
      - 衛生事項
  - 活版股
    - 新聞
    - 廣告

- 印刷部
  - 鑄字股
    - 澆字
    - 銅模
  - 製版股
    - 銅版
    - 鉛版
    - 紙版
  - 印刷股
    - 電力
    - 剪膠
    - 機器
    - 印書
    - 印報
    - 西文
  - 書版

（鎔鉛

此爲申報館組織之大綱，各部任事之人員，視事之簡繁支配之。總管理處由館主自任，總理經理則助理一切。並設文書三人，稽核五人。下分三大部。（一）編輯部設總主筆，總編輯各一人。最近直接爲各組服務者得十九人，此外有西文日文翻譯三人，外勤記者六人，新聞校對六人，文書一人，畫圖一人，事務一人，譯電五人，長途電話二人，電話一人，收發一人，勤務四人，皆隸屬於編輯部範圍以內者。（二）營業部各科各設主任一人，廣告科計八人，外有外勤廣告員六人，以輔助廣告之發展。並設廣告整理股，專門整理次日見報之廣告稿件，分日夜班任事，計日班六人，夜班二人。又廣告校對員六人，廣告審查一人，廣告收賬員三人，文書兼翻譯二人，繕寫木戳二人，刊木戳十人。發行科計外部批發九人，兼管簿記，本埠批發四人，直接定報十四人，門市四人，另售一人。會計科出納二股以四人分任之，勤務二人。庶務科計日班七人，夜班一人，互相管理之。此外有運報汽車二輛，採訪新聞汽車一輛，購用司機及修理機器日夜班共五人，分設有問訊處，以二人分日夜班任之。又收發日夜班各一人。捲報兼洒掃共三十二人，送信日班四人，夜班二人。木匠三人，廚役七人。勤務二人。以上係屬於營業部範圍以內者。惟營業部事務過繁，故特設營業主任一人，負設計接洽及決定關於發行廣告各項事宜之責。（三）印刷部人員計活版股新聞五十人，廣告四十人，書版一人，西文二人。印刷股計印報兼打包五十二人，印書五人，機器五人，剪貼二人，電力二人。製版股計紙版十人，鉛版十四人，銅版六人。鑄字股計銅模五人，澆鉛十三人，鎔鉛一人。以上皆屬印刷部範圍以內者，惟印刷部未設主任，向由營業主任兼管之。此申報館組織內容之大概也。

至於內地報館之組織，則以業務未臻發達，事務簡單，各部人數，亦未有若是之衆，故組織方面，欠缺殊多也。

新聞報館組織概況（二）

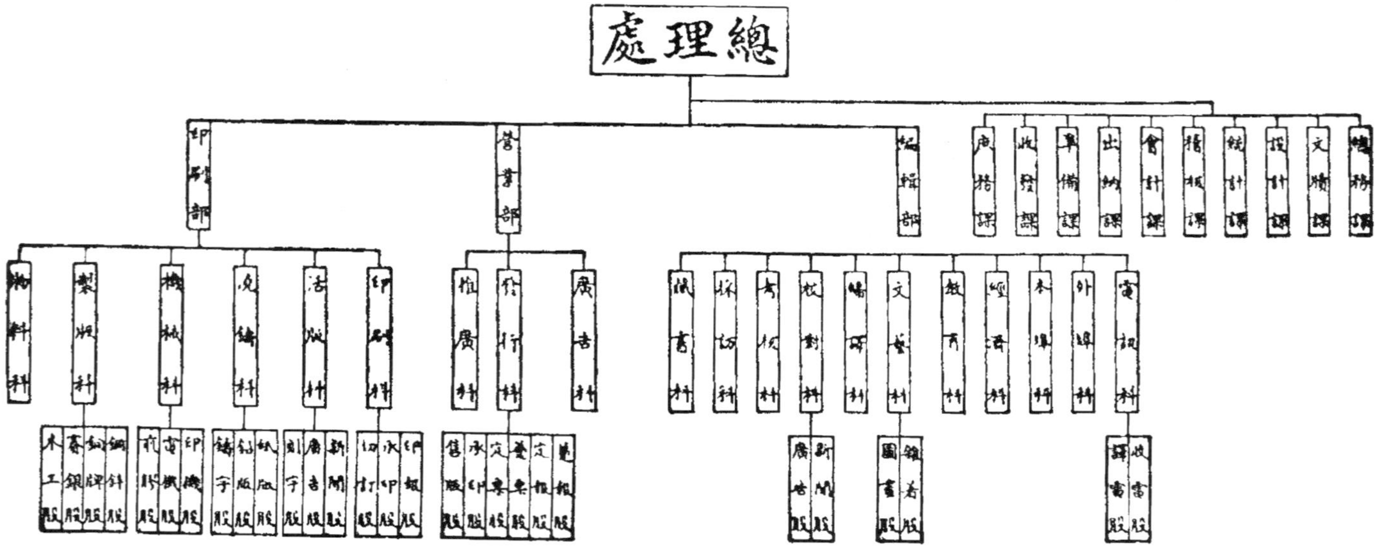

總理處
印刷部
營業部
編輯部
庶務課
收發課
準備課
出納課
會計課
稽核課
統計課
設計課
文牘課
製版科
機械科
澆鑄科
活版科
印刷科
推廣科
發行科
廣告科
採訪科
校對科
文藝科
教育科
經濟科
本埠科
外埠科
電訊科
新聞股
廣告股
圖書股
收電股
譯電股
木工股
印機股
鑄字股
鉛版股
紙版股
刻字股
承印股
印報股

此爲新聞報全館組織之概要，至其內部設備，亦有可得而言者。（一）無線電機。民國十一年冬，裝置無線電台，接收國內外無線電訊。裝有最新式收電機四部：其中兩部爲長波機，專收國外新聞，兩部爲短波機，專收國內新聞。（二）信鴿。自十九年起飼養信鴿，聘用專家管理，約歷一年，已蓄有信鴿五十餘頭，悉能飛越數百里。（三）銅鋅版機。民國九年，添設製版科，備有德國克理姆虛（Klimsch）全副最新式照相製版機械，於數小時內，即可將銅鋅版製成，兼收外界委託工作。此外更備有鐫製銅招牌銅牌及電刻賽銀物件之機械，聘用美術家專司其事。（四）銅模與鉛字。鑄字股備有活體銅模一種，宋體銅模十一種，共計六萬餘枚，英文字模未與焉。

銅模之種類

巧號字	寬一英寸之八分之七、
福號字	寬一英寸之八分之五、
頭號字	寬一英寸之八分之三、
二號字	寬一英寸之八分之二、五
變號字	寬一英寸之八分之二、
三號字	寬一英寸之八分之一、八
四號字	寬一英寸之八分之一、五
五號字	寬一英寸之七分之一、
單號字	寬一英寸之八分之一、
六號字	寬一英寸之九分之一、
扁體字	寬一英寸之九分之一、
活體字	寬一英寸之八分之一、

至於鉛字，目前新聞報每份中，所含字數，約二十餘萬枚，而儲存活版科字架者，則在一千萬枚以上。此鉅量之鉛字，全由鑄字股供給云。（五）鑄字機。有湯姆生鑄字機（Thompson Type Casting Machine）四架，其速率每架每句鐘能鑄單號字三千餘枚，復有國貨人力鑄字機七架，以備急需。（六）壓紙版機。鉛字既排列成版，從前係用厚薄型紙粘合數張，覆於版上，以人力搏擊，再藉熱力蒸發乃成紙版。每塊須費時半小時之久。今則用硬型紙，平置版上，蓋以氈呢，推入德國弗冷根門（Frankentahl's Direct Pressure Matrix Press）所造之直壓機。新聞報館備有二座。此機可發千噸之鉅大壓力，字跡遂深入型紙，所費時間，每塊僅一分鐘。（七）澆鉛版機。紙版既成，乃用澆鉛版機，藉紙版上之字跡，鑄成半圓形之鉛版。然後安置輪轉機上，刷印報紙。此項澆鉛版機，其構造係融合「鎔鉛爐」「汲鉛機」「鉛版型」「割版機」「刨版機」「冷卻器」六種而成。新聞報館現用者為美國瓦特廠（Wood）之「鎔鉛爐」「汲鉛機」與英國帕納廠（Pony Autoplate）之「澆修機」連合而成者。其速率，每分鐘可澆鉛版三塊，每句鐘可澆二百塊。（八）印報機。中國報界印報機，曩用單張平面機（Flat Bed Printing Press），即俗謂花旗架子與大英架子者。新聞報在民國三年,銷數已見發達,原有平面機,損時耗費,因於是年購置巴德式二層輪轉印報機 (Potter's Two Deck Rotary Printing Press) 一座。該機能力每小時可出報七千份,雖較現在最新式印機速率,相差至遠,然在上海報界得改用輪轉機之益,實自此始。嗣後絡續添購三層者一座,四層者二座。民國十七年至十九年間,復先後購置美國司各脫廠最新複式印報機 (Walter Scott's Multi Unit High Speed Rotary Press) 兩座。同時因房屋狹窄,將首次置備之巴德式兩層印報機,讓與天津報館。目下共有印報機五座,其速率分列於下:三層 Goss 機一座,每小時出報三張者一萬二千份,四層 Potter機二座,每小時每座出報四張者一萬二千份。司各脫 Scott 機二座,每小時每座出報四張者三萬六千份。(九)煎膠機械。印機上所用油墨,必須經過若干膠質圓棍之滾軋,方可平勻。新聞報館現用膠棍,有三百餘根之多,均以羅威 Rowe 煎膠機械澆製。此種機械,乃利用蒸汽電力及空氣壓力,非常便捷。時間既速,出品亦優,較用人力澆製者,光潔耐用。(十)運輸機械。十餘萬份報紙,須於兩小時內刷印完畢,其間經過排印各項手續,時間既極短促,手續又至繁瑣。除將印刷機械力求迅速外,即在傳遞各種材料版子等事,亦必應用機械，以節時間，使無延擱。關於分佈油墨，則儲備墨池，經鐵管而流入印機，毋須人工傳遞。版子則有運版車，及小電梯。印報捲筒紙大而且笨，則用運紙車，由特備鐵軌分達各機。印成報紙，則有電動報紙輸送槽運入發報間，由運報車遞送郵局。此其大要也。

以上爲新聞報館內容之大體，以言完備，在吾國自可謂首屈一指，但較歐美各大新聞社，則相差尙遠耳。

歐美各大新聞社，每日製造報紙之神速，世莫與比。然其所以致此者，除因其組織完美外，尙因其各種設備之週全，應有盡有，使用靈便。茲姑舉其重要者如左。

(1)圖書室之完備　歐美新聞社中，圖書室之完備者，對於各種書報，圖書，雜誌，莫不分門別類，編而收存，以是編述之時，或有問題發生，卽有各種足資參考之資料，近在社中，一檢卽得。其便利於編輯，自可想見。吾國報館欲求設備完全，對於圖書室，自當盡量設法擴充也。

(2)機器之靈便　機器中之重要者如(1)排字機，應用時靈便迅速，每分鐘可排三十餘字，遠非人工所能及。且使每行字排就後均鑄成一鐵塊，移動甚易，不似活字之易於散亂。如是，故排版更加迅速矣。(2)自動製銅版機。此機能於一分鐘內，將一頁報紙之紙模型製成四塊銅版。最大之新聞社常有數架輪轉機，如是卽可將每頁多製銅版，以便盡量使用各輪轉機。此所以在極短之時間，可以印成報紙數萬份也。(3)輪轉機。新聞社自用輪轉以代替平台機以來，印刷之速力大增，最大之輪轉機，每小時內能印一十二版之報紙約十四萬四千份。且可使報紙落下機時，業巳剪好，摺好，數好，立可交與賣報人矣。(4)郵寄機。此機能自將郵寄各地之報紙摺疊伏貼，包裹完全，並貼好書有收報者姓名住址之單紙。如是又增加郵寄時之速度矣。我國報館對於機器之應用，以困於經濟，一時尙難有此發展，惟亦當盡力以求其推廣耳。

(3)世界各處電線之銜接　大新聞社除裝電話機多具外，並向電報局訂立合同，在該社中特立分局，設有電線可以直達各處，幾如人腦然，有通全身各部之神經，如此傳遞消息方能神速而無延擱之虞矣。我國報館關於世界消息，多半得諸於通信社。此種通信社之消息，不惟難期迅速，且常多宣傳作用品，有飲鴆止渴之虞。吾國報館如能憬然覺悟，至低限度當從速合全國各大報館組織蒐集新聞機關，以謀報館之獨立，而免受人利用也。

第二節　通信社之概況

（一）我國自辦者之幼稚

通信社之組織，在歐美各國早已成爲大規模之營利事業，其勢力且有駕乎報館之上者。蓋一報之銷路僅供某階級或某一界之用，而通信社之消息常能間接遍及各國，而不爲地域文字所限。近今報上之新聞材料，需要殷繁，新聞紙之依賴於通信社者更切，是以各國政府，多不惜歲糜鉅帑，助其發展，而報界本身亦急起而聯合經營之也。

我國設通信社之議，創自宣統二年全國報界俱進會之決議。其提案中議決由全國公共團體附設一通信機關，互相通信。先試行於南北繁盛都會及商埠，以次推及內地及歐美，此卽含有聯合通信社之意義，惜未能實現也。

通信社正式之創辦，起源於民國五年在北京所成立之新聞編譯社。其後各地通信社亦先後繼起，今據中外報章類纂社所調查，全國共有通信社一百五十五家，以北京爲最多，武漢次之，其數量誠不爲少。但實際之設備甚簡，主持者又不知整頓，僅爲一黨一派所利用而代宣傳其消息，致不爲國內報紙所信任，對外更無論矣。其中惟「國聞通信社」以主持者之努力，組織比較完善，數年前頗具相當勢力，現津滬各地，仍多有其電訊。今則中央社以黨政機關關係，規模較宏大，其消息亦多爲各報所採用。

（二）外人所辦者之利弊

外人所設之通信社，其爲本國宣傳，夫人而知之，然我國則以自辦之通信社既多簡陋，則不能不仰給外人之通信，誠所謂飲鴆而止渴也。歐戰以前，我國報紙之國外新聞，大都譯自外報及歐戰發生，爲求消息靈通計，始與各通信社訂約而出資購買其消息。其首即路透電社 The Reuter Telegraph Co. 爲英人之機關，供給國際之消息頗詳，惟其爲英宣傳，亦意中事。取費以報館大小爲等差，每月由五元至一百七十五元不等。次則東方通信社爲日本政府之機關，電報通信社爲日本政黨之機關，供給關於日本消息，其於我國北方及長江流域新聞，頗爲靈通，取費亦較廉，但其目的別有所在。後經改組，名稱小有更易，然其爲帝國主義者之爪牙則一也。次則蘇聯通信社，爲俄政府之機關。中美通信社爲美人之機關。皆在我國報界佔有一部分勢力，此外如上海顧家宅無線電台，膠東無線電台，可接收法德二國之半官消息，我國報紙時有譯載。近則東方社改組爲聯合社，國民社與美國聯合社交換，皆已有大宗國際新聞以供吾人矣。但此種外人之通信社既皆難免有宣傳作用，吾人欲得正確消息，端賴以自助之法，由報館合組一國際通信社，以謀獨立之發展。

國際通信社之創，民國九年全國報界聯合會本有決議，擬選派富有經驗學識之人員，分赴歐美重要都會，協同該處留學生，將國際情勢，探訪調查。緩用郵告，急以電達，俾對外言論有所遵循，不爲外電所左右，所見甚遠，用意至善，惜皆徒託空言，而未嘗實行。今日有力之報館，其果覺悟此項事業之重要，則急起直追，夫豈異人哉？

附錄

（一）全國主要日報調查（民國二十年八月國民黨中央宣傳部登記册編製）

日報名稱	每日發行份數	總發行地址
甲　日出四大張以上，發行數在十萬份以上者		
申報	一五〇、〇〇〇	上海
新聞報	一五〇、〇〇〇	上海
乙　日出三大張以上，發行數在五萬份以上者		
時事新報	五〇、〇〇〇	上海
丙　日出兩大張以上，發行數在一萬份以上者		
大公報	三五、〇〇〇	天津
時報	三五、〇〇〇	上海

益世報	三五、〇〇〇	天津
午報	二五、〇〇〇	天津
公評報	二〇、〇〇〇	廣州
國華報	一六、〇〇〇	廣州
中央日報	一五、〇〇〇	南京
廣州民國日報	一五、〇〇〇	廣州
庸報	一五、〇〇〇	天津
大中華報	一二、〇〇〇	廣州
武漢日報	七、〇〇〇	漢口
漢口中西報	七、〇〇〇	漢口
越華報	七、〇〇〇	廣州
華北日報	六、〇〇〇	北平

共和報	五、〇〇〇	廣州
杭州民國日報	五、〇〇〇	杭州
河南民報	五、〇〇〇	

（附註）上海於二十一年新出「晨報」「民報」「大晚報」「中華日報」四種，均二大張以上，每日發出份數，內政部登記冊未發表。

（二）全國外人刊行各主要日報表民國二十一年調查（申報年鑑）

名稱	國別	地址
字林報 North China Daily News	英	上海
泰晤士報 Shanghai Times	英	上海
大陸報 China Press	美	上海
大美晚報 Shanghai Evening Post and Mercury	美	上海
上海法文日報 Le Journal de Shanghai	法	上海

俄文日報 Slovo	俄	上海
上海柴拉報 Shanghai Zaira	俄	上海
德文上海日報	德	上海
上海每日新聞	日	上海
上海日日新聞	日	上海
上海日報	日	上海
北平新聞	日	上海
北平法文日報	法	北平
新支那	日	北平
京津泰晤士報 Peking Tientsin Times	英	北平
華北日郵報 North China Daily Mail	英	天津
華北明星報 North China Star	美	天津

亞細亞報	日	天津
天津日報	日	天津
京津日日新聞	日	天津
濟南日報	日	濟南
山東新報	日	濟南
大青島報	日	青島
青島新報	日	青島
山東新報青島附錄	日	青島
青島興信所報	日	青島
實業興信所報	日	青島
山東興信所報	日	青島
青島公報	日	青島

日華報	日	青島
青島泰晤士報 Tsintu Times	英	青島
芝罘日報 Chefu Daily News	英	芝罘
漢口日日新聞	日	漢口
中支那	日	漢口
China Post	日	漢口
廣東新聞	日	廣州
閩報	日	福州
福州時報	日	福州
全閩新日報	日	厦門
滿洲日報	日	大連
泰東日報	日	大連

大連新聞	日	大連
滿洲報	日	大連
奉天每日新聞	日	瀋陽
奉天日日新聞	日	瀋陽
盛京時報	日	瀋陽
安東新報	日	安東
北滿日報	日	長春
長春實業新聞	日	長春
大北新聞	日	哈爾濱
哈爾濱商務郵報	俄	哈爾濱
俄語報	俄	哈爾濱
魯波爾報	俄	哈爾濱

日日新聞	日	哈爾濱
英國大光報	英	哈爾濱
美國日日新聞	美	哈爾濱
哈爾濱日報	英	哈爾濱

主要參考書籍

Bastion, Editing the Day's News

Belloc, The Free Press

Bleyer, Newspaper Writing and Editing

Given, Making a Newspaper

Harrington and Frankemberg, Essentials of Journalism

Lee, History of American Journalism

Shuman, Practical Journalism

中國報學史　　戈公振

中國新聞事業　　黃天鵬

新聞學總論　邵飄萍
新聞學綱要　徐寶璜
中國的新聞紙　張靜廬
新聞概論　王文萱譯
世界報紙大觀　李昭實
申報年鑑

图书在版编目（CIP）数据

新闻学 / 曹用先著．—北京：中国传媒大学出版社，2018.3
（中国近代新闻学名著系列丛书 / 芮必峰主编）
ISBN 978-7-5657-2279-0

Ⅰ．①新…　Ⅱ．①曹…　Ⅲ．①新闻学　Ⅳ．① G210

中国版本图书馆 CIP 数据核字（2018）第 048692 号

中国近代新闻学名著系列丛书
芮必峰　主编
新闻学
XINWENXUE

著　　者　曹用先
策划编辑　司马兰　姜颖昳
责任编辑　姜颖昳
封面设计　拓美设计
责任印制　阳金洲

出版发行　中国传媒大学出版社
社　　址　北京市朝阳区定福庄东街 1 号　　邮编：100024
电　　话　86-10-65450532 或 65450528　　传真：010-65779405
网　　址　http://www.cucp.com.cn
经　　销　全国新华书店

印　　刷　北京华联印刷有限公司
开　　本　787mm × 1092mm　1/16
印　　张　10
字　　数　95 千字
版　　次　2018 年 6 月第 1 版　2018 年 6 月第 1 次印刷

书　　号　ISBN 978-7-5657-2279-0/G · 2279　**定　　价**　58.00 元